高校情報 **I** | **JavaScript** ···学習ノート·········

目次

JN070878

01 情報と情報社会 教科書 p.4〜p.7

POINT

1. 情報
（①　　　　）…判断をしたり，行動を起こしたりする際に必要なもの。

2. 情報の特性
（②　　　　）…与えてもなくならない。
（③　　　　）…簡単に複製できる。
（④　　　　）…短時間に広く伝わる。

3. 情報の定義と分類
（⑤　　　　）…生物が生きていくために役立てている①。最も広義の①。
（⑥　　　　）…コミュニケーションで用いられる①。
（⑦　　　　）…意味する内容が切り離され，記号だけが独立した①。

4. メディアとその特性
（⑧　　　　）…①のやり取りを媒介するもの。
（⑨　　　　）…①の流通範囲を拡大する役割をもつ⑧。

5. 情報社会と超スマート社会
（⑩　　　　）…人間の知的な活動の一部をコンピュータにさせることを目的とする技術や研究分野。
（⑪　　　　）…身の回りのあらゆるものがインターネットにつながる仕組みのこと。

---

1 情報 次の⑴〜⑷の文章に該当する項目を語群ア〜エから１つずつ選び，さらにその例について語群の①〜⑧から２つずつ選びなさい。

⑴ 事実や事柄などを数字や文字，記号を用いて表現したもの
⑵ ⑴を目的に応じて整理したもの
⑶ ⑵を分析して，問題解決に役立つように蓄積したもの
⑷ ⑶をもとに価値を創造する力となるもの

＜語群＞
ア．情報　　イ．データ　　ウ．知識　　エ．知恵
①志望校別に入試合格点を比較した表　　②試験の点数
③その日の気温　　④志望校合格に向けての対策を練る力
⑤地域別の気温グラフの差異　　⑥成績一覧表
⑦１か月の気温グラフ　　⑧地球温暖化問題の解決策を考察する力

2 情報の特性 次の⑴〜⑶の文章に該当する内容を次の語群から選び，記号で答えなさい。

⑴ インターネットで発信する情報は短時間で広範囲に拡散する。
⑵ デジタル情報はコピーやダウンロードが容易であり，また劣化しない。
⑶ 自分がもつ情報を他人に与えても自分のところからなくなることはない。

＜語群＞
ア．残存性　　イ．複製性　　ウ．伝播性　　エ．制御性

左欄（解答欄）
⑴
例
⑵
例
⑶
例
⑷
例

⑴
⑵
⑶

!Tips シンギュラリティ…人工知能（AI）の能力が人類を超える「技術的特異点」のこと。アメリカのレイ・カーツワイル博士は 2045 年に到来するという説を唱えているが，異論もある。

3 情報の定義と分類 次の(1)〜(3)はどのような種類の情報か。次の語群から選び，記号で答えなさい。

(1) 言葉やジェスチャーなど，コミュニケーションを行うために用いられる情報。

(2) あらゆる生物が生きていくための選択を行う際に役立てている情報。最も広義の情報である。

(3) その意味する内容が切り離され，記号だけが独立した情報。

<語群>‥‥‥‥‥‥‥‥‥‥‥‥‥‥‥‥‥‥‥‥‥‥‥‥‥‥‥

 ア．生命情報 イ．社会情報 ウ．機械情報

(1)

(2)

(3)

4 メディアの分類 次の(1)〜(3)のメディアの例を語群からすべて選び，記号で答えなさい。

(1) 表現のためのメディア

(2) 伝達のためのメディア

(3) 記録のためのメディア

<語群>‥‥‥‥‥‥‥‥‥‥‥‥‥‥‥‥‥‥‥‥‥‥‥‥‥‥‥

 ア．静止画 イ．電波 ウ．文字 エ．紙 オ．音声

 カ．光学ディスク キ．光ファイバー

(1)

(2)

(3)

5 表現のためのメディアの特性 次の(1)〜(5)のような情報伝達は，文字，図形，音声，静止画，動画のうちのどのメディアの特徴を活かしたものか。名称を答えなさい。

(1) いろいろな方向を向いている人に危険を知らせる。

(2) スポーツのような動きのある行動の過程を情報として伝達する。

(3) 伝えたいことを簡略化して端的に表現して伝達する。

(4) 風景などの2次元情報をわかりやすく伝達する。

(5) 正確な量などの情報を人に伝える。

(1)

(2)

(3)

(4)

(5)

6 伝達・記録のためのメディアの特性 次の(1)，(2)のメディアに該当するものを，語群からすべて選び，記号で答えなさい。

(1) 空間を越えて，瞬時に離れた場所に情報を伝える。

(2) 時間を越えて，情報を保存する。

<語群>‥‥‥‥‥‥‥‥‥‥‥‥‥‥‥‥‥‥‥‥‥‥‥‥‥‥‥

 ア．紙 イ．空気 ウ．光 エ．光ファイバー

 オ．電波 カ．光学ディスク

(1)

(2)

①情報　②残存性　③複製性　④伝播性　⑤生命情報　⑥社会情報　⑦機械情報　⑧メディア
⑨伝播メディア　⑩人工知能（AI）　⑪IoT

02 問題解決の考え方 教科書 p.8 〜 p.9

POINT

問題解決のプロセス

問題の把握（発見）→問題解決の遂行→表現と伝達（他者との共有）→問題の把握（発見）→（以下，繰り返し）

1. 問題の把握（発見）

問題を明確にし，検証可能な形の（① 　　　　　）を設定する。

（② 　　　　　　　　　）…一方を達成するために他方を犠牲にしなければならない関係のこと。

2. 問題解決の遂行

仮説を設定し，観察・実験・調査などを行って，結果を分析，考察する。

（③ 　　　　　　　）…一般的に正しいとされている原理・原則から，個々の具体的な事柄が正しいことを導く推論。

（④ 　　　　　　　）…個々の具体的な事実から，一般的な原理・原則を導く推論。

3. 表現と伝達（他者との共有）

問題解決の過程を表現・伝達する。

---

1 問題解決の過程 　次の図の問題解決の過程における(1)〜(2)に当てはまるものを選び，記号で答えなさい。

(1) _____

(2) _____

$$\longrightarrow (1) \longrightarrow (2) \longrightarrow （表現と伝達）$$

＜語群＞……………………………………………………
ア. 問題解決の遂行 　　イ. フィードバック 　　ウ. 問題の把握（発見）
エ. ショートカット 　　オ. トレードオフ

2 PDCA サイクル 　問題解決の手順を繰り返し，問題を継続的に改善していく手法の1つに PDCA サイクルがある。「PDCA」とは，それぞれの段階を示す英単語の頭文字をとったものである。その英単語をそれぞれ書き，その意味を次の語群から選び，記号で答えなさい。

P _____

D _____

C _____

A _____

＜語群＞……………………………………………………
ア. 評価 　イ. 実行 　ウ. 改善 　エ. 発表 　オ. 計画

3 ◆問題を解決するための手法 　自由にアイデアを出し合い，連想を発展させる集団思考法・発想法に「ブレーンストーミング」がある。ブレーンストーミングを行うにあたり，次のア〜エのうち，適切でないものをすべて選びなさい。

ア. 奇抜な提案は，却下し，発言の内容範囲を限定する。

イ. 他人の意見への追加や修正意見も認める。

ウ. 質より，多くの意見提案を求める。

エ. 時間制約があるので，あまり空想的，くだらない意見はいわせない。

⚠Tips OODA（ウーダ）ループ…PDCA サイクルよりも素早く臨機応変に動くための概念で，Observe（観察），Orient（方向性の決定），Decide（判断），A：Act（行動・実行）からなる。

4 ◆**推論の方法** 論理的な推論の方法として，演繹的推論と帰納的推論がある。(1)～(3)の推論の例は，どちらに当てはまるか。次の中から適切なものを1つ選び，記号で答えなさい。

ア．演繹的（えんえき）推論に当てはまる 　　イ．帰納的（きのう）推論に当てはまる

ウ．どちらにも当てはまらない

(1) 私は血液型がA型で，几帳面な性格である。私の知っている血液型がA型の人は，几帳面な人ばかりである。だから，血液型がA型の人は几帳面な性格なのだろう。 (1)＿＿＿＿＿＿

(2) 朝，道路が濡れていた。雨が降ると道路が濡れる。だから，昨晩は雨が降ったのだろう。 (2)＿＿＿＿＿＿

(3) すべての人間はいつか死ぬ。ソクラテスは人間である。だから，ソクラテスはいつか死ぬ。 (3)＿＿＿＿＿＿

5 ◆**表現と伝達** 問題解決の過程をわかりやすく表現・伝達し，他者との共有を行うために，ワードプロセッサ（ワープロ）やプレゼンテーションソフトウェアが用いられる。次のソフトウェアのうち，(1)ワードプロセッサと(2)プレゼンテーションソフトウェアを選び，それぞれ記号で答えなさい。 (1)＿＿＿＿＿＿

(2)＿＿＿＿＿＿

ア．「Microsoft Word」（マイクロソフト）

イ．「Microsoft Excel」（マイクロソフト）

ウ．「Microsoft PowerPoint」（マイクロソフト）

エ．「Pages」（アップル）

オ．「Keynote」（アップル）

カ．「一太郎」（ジャストシステム）

キ．「Google ドキュメント」（Google）

ク．「Google スプレッドシート」（Google）

6 **研究倫理** 探究的な活動や研究を行う際に従うべき倫理的な規範について書かれた次の文章の空欄に，当てはまる適切な用語を語群から選び，記号で答えなさい。

問題解決をはじめとする探究的な活動では，これまでに多くの人が積み重ねてきた成果を踏まえるため，参照した情報の(1)に十分注意するとともに，(2)を明示することが必要である。データの(3)などの不適切な行為をしないことはもちろん，事実と(4)を明確に区別し，自らの成果が新たな知見として(1)のあるものになるように最大限の配慮をしなければならない。

(1)＿＿＿＿＿＿
(2)＿＿＿＿＿＿
(3)＿＿＿＿＿＿
(4)＿＿＿＿＿＿

＜語群＞‥‥‥‥‥‥‥‥‥‥‥‥‥‥‥‥‥‥‥‥‥‥‥‥‥‥‥‥‥‥‥

ア．ねつ造 　イ．信頼性 　ウ．意見 　エ．詐欺

オ．出所・出典

03 | 法規による安全対策 教科書 p.10 ～ p.11

POINT

1. 情報セキュリティ

（①　　　　　　　　　　）…情報の盗聴（盗み見）や，改竄，破壊などの不正行為や不慮の事故に対して，個人的，組織的，技術的な安全対策を講じること。

2. 法規による安全対策

（②　　　　　　　　　　）…アクセス権限のないコンピュータへのアクセスを行うことを禁止する法律。

（③　　　　　　　　　　）…個人情報の流出や無断転売を防ぎ，個人情報保護に積極的に取り組むことを促進するための法律。

---

1 **情報セキュリティ**　次の情報セキュリティの説明文の（　）に当てはまる適切な用語を語群から選び，記号で答えなさい。

　　情報セキュリティを確保するため，データの(1)化技術などの開発が進んでいる。しかしながら，最新の技術をもってしても，情報を完璧に保護することはできないため，個人的対策，(2)的対策など，さまざまな方策を組み合わせることが重要である。

(1)＿＿＿＿＿＿

(2)＿＿＿＿＿＿

＜語群＞……………………………………………………………………………
　ア．組織　　イ．公開　　ウ．暗号　　エ．改竄　　オ．一般

2 **◆不正アクセス**　不正アクセス行為について，次の問いに答えよ。

(1) 不正アクセス行為は，「なりすまし行為（A）」，「攻撃する行為（B）」，「助長する行為（C）」の 3 つに分けることができる。次の①～⑥の行為は，これらの不正アクセス行為 A ～ C のどれに該当するか答えなさい。

①セキュリティホールから社内ネットワークに侵入した。

②コンピュータのディスプレイに貼ってあるメモに書いてあった他人のユーザ ID とパスワードを使い，ネットワークにログインした。

③会社の同僚のユーザ ID とパスワードを無断で他人に教えた。

④他人のユーザ ID を使い，ためしにパスワードをユーザ ID と同じにして入力したらネットワークにログインできた。

⑤他人のユーザ ID とパスワードを掲示板に書き込んだ。

⑥コンピュータウイルスを使い，ネットワークに侵入した。

(2) (1)の①～⑥から，ファイアウォールで防ぐことができない行為を 1 つ選んで，不正アクセス行為を防止する対策としてどのようなことが考えられるか書きなさい。

(1)＿＿＿＿＿＿

①＿＿＿＿＿＿

②＿＿＿＿＿＿

③＿＿＿＿＿＿

④＿＿＿＿＿＿

⑤＿＿＿＿＿＿

⑥＿＿＿＿＿＿

(2)＿＿＿＿＿＿

Tips 情報処理推進機構（IPA）は，毎年，社会的に影響が大きかったと考えられる発生事案をまとめ，その年の「情報セキュリティ 10 大脅威」を発表している。

3 **個人情報保護法**　個人情報保護法に関する次の(1)～(3)の文章のうち，適切なものに○，適切でないものに×を記入しなさい。

(1) 本人の同意なしに第三者へ個人情報を受け渡すことは，禁じられている。

(2) 個人情報取り扱い業者が規制の対象だから，個人的に年賀状を出すために住所・氏名などを保管していても問題はない。

(3) 個人情報の保護は極めて重要なことであるから，法律を改正すべきではない。

(1)＿＿＿＿＿＿

(2)＿＿＿＿＿＿

(3)＿＿＿＿＿＿

4 **法規による安全対策**　次のア～カの文章のうち，(1)不正アクセス禁止法，(2)個人情報保護法に違反しているものをそれぞれ1つずつ選び，記号で答えよ。

ア．インターネット通信販売で，事業者の住所が明記されていなかった。

イ．Webサイト中の画像をクリックしただけで，いきなり有料サイトへの入会申込みとして処理され，支払い請求を受けた。

ウ．送信者情報を偽った広告・宣伝メールの送信をした。

エ．インターネットのゲームサイトで，パスワードをIDと同じにして入力したら，他人のアカウントでログインすることができた。

オ．懸賞への応募者のデータを無断で使用して新商品のお知らせを送付した。

カ．個人情報付きの写真などがWebページ上に公開されているので，プライバシーの侵害だと情報発信者の情報開示をプロバイダに請求したが，応じてくれなかった。

(1)＿＿＿＿＿＿

(2)＿＿＿＿＿＿

5 **情報漏洩（ろうえい）**　次の(1)～(4)の文章は，何に関する説明か。語群から適切なものを選び，記号で答えなさい。

(1) コンピュータ上にあるデータなどを外部に流出してしまうソフトウェアの総称。

(2) 正規のWebページを装い暗証番号などを入力させて，それらを盗み取る詐欺のこと。

(3) ネットワークの利用者の会話を盗み聞きするなど，日常生活の中から人為的に機密情報を入手してコンピュータを不正に利用する行為。

(4) コンピュータに感染し，保存されたデータを改竄したり外部に流出させたりする悪質なプログラム。

(1)＿＿＿＿＿＿

(2)＿＿＿＿＿＿

(3)＿＿＿＿＿＿

(4)＿＿＿＿＿＿

＜語群＞……………………………………………………………………

ア．スパイウェア　　イ．フィッシング　　ウ．コンピュータウイルス

エ．ソーシャルエンジニアリング　　オ．ヒューマンエラー

カ．ファイアウォール　　キ．無線LAN

04 個人情報とその扱い 教科書 p.12 〜 p.13

POINT

1. 個人情報

（①　　　　　　　）…生存する個人に関する情報であって，氏名，住所，生年月日など，いくつか組み合わせると個人を特定できるもの。または，個人識別符号を含むもの。

（②　　　　　　　）…氏名，住所，生年月日，性別。

2. プライバシー

（③　　　　　　　）…むやみに他人に知られたくない私生活上の個人的な情報。

（④　　　　　　）…自らの肖像を許可なく撮影・利用されないように主張できる権利。

（⑤　　　　　　　）…有名人が名前や肖像を商品化したり宣伝に使用したりする権利。

3. 要配慮個人情報

（⑥　　　　　　　）…人種，信条，病歴，犯罪歴など，その取り扱いに特に配慮を要する個人情報。

4. 個人情報の活用

（⑦　　　　　　　）…関連する商品やサービスの広告などを，あらかじめ「受け取りたい」と承諾した人にのみ提供する方式。

5. 匿名加工情報の利用

（⑧　　　　　　　）…特定の個人を識別できないように個人情報を加工したもの。

---

1 **個人情報**　次のア〜カのうち，基本四情報でないものをすべて選びなさい。

ア．氏名　イ．年齢　ウ．住所　エ．国籍　オ．生年月日　カ．性別

2 **個人情報**　次の(1)〜(8)の文章のうち，個人情報を保護する上で適切なものに○，適切でないものに×を記入しなさい。

(1) Web サイトで氏名や住所を入力する場合は，そのサイトのプライバシーポリシーをよく理解して対応した。

(2) 個人情報を扱ったパソコンを，データを完全に消去せずに廃棄した。

(3) 個人情報を保存した USB メモリを無断で外出先にもち出した。

(4) サーバに保存された個人情報のデータにアクセスするためのパスワードを設定した。

(5) 他人から送られてきた宛名が書かれた手紙の封筒を，そのまま燃えるゴミとしてゴミ集積場に出した。

(6) 連絡先不明の卒業生の住所を，本人の許可なく同窓会の幹事に教えた。

(7) 個人情報が記録されたデータを暗号化して，メールに添付して送信した。

(8) 入場者を把握するために，文化祭の受付の備え付けの名簿に入場者の住所，氏名を，他の来場者が読める状態で記入してもらった。

(1)

(2)

(3)

(4)

(5)

(6)

(7)

(8)

🔰Tips 個人情報保護法は，時代の流れに適応するため，3 年ごとに検討の上，必要に応じて改正されることになっている。

3 **プライバシー**　次のア〜ウの文章のうち，肖像権を侵害していると思われる行為をすべて選びなさい。

ア．自分が撮影した海の風景を Web ページに掲載した。

イ．自分が撮影した集合写真を無断で Web ページに掲載した。

ウ．入場料を払って入館した写真展に展示してあった有名人が写っている写真をデジタルカメラで撮影し，Web ページに掲載した。

4 **要配慮個人情報**　次のア〜コのうち，要配慮個人情報をすべて選び，記号で答えなさい。

ア．氏名　イ．生年月日　ウ．信条　エ．学業成績　オ．病歴

カ．預金額　キ．家族構成　ク．国籍　ケ．犯罪歴　コ．パスワード

5 **個人情報の活用**　次の(1)〜(3)の文章は，何に関する説明か。語群から選び，記号で答えなさい。

(1) インターネット上のサービスに会員登録などをする際，関連する商品やサービスの広告などを，あらかじめ「受け取りたい」と承諾した人にのみ提供する方式のこと。

(1) _____

(2) 携帯電話事業者やインターネットの接続サービスを行う会社などに保存されている記録で，接続した日時，送信元や宛先の IP アドレスなどの情報を含む。

(2) _____

(3) 個人情報の一種で，DNA 塩基配列や指紋などの身体的特徴や，旅券番号・運転免許証番号・個人番号（マイナンバー）などの個人に割り当てられる番号などがある。

(3) _____

＜語群＞‥‥‥‥‥‥‥‥‥‥‥‥‥‥‥‥‥‥‥‥‥‥‥‥‥‥‥‥‥

ア．オプトアウト方式　　イ．オプトイン方式

ウ．アクセスログ　　エ．個人識別符号　　オ．基本四情報

6 **匿名加工情報の利用**　個人情報保護法では，匿名加工情報の利用が認められている。次の匿名加工情報の説明文の（　）に当てはまる語句を語群から選び，記号で答えなさい。

匿名加工情報は，特定の個人を(1)できないように個人情報を(2)し，当該の個人情報を復元できないようにしたものである。個人情報取り扱い業者は，定められたルールの下で，本人の(3)を得ることなく，匿名加工情報を第三者に(4)することができる。

(1) _____

(2) _____

(3) _____

(4) _____

＜語群＞‥‥‥‥‥‥‥‥‥‥‥‥‥‥‥‥‥‥‥‥‥‥‥‥‥‥‥‥‥

ア．同意　　イ．家族　　ウ．アクセス　　エ．識別　　オ．加工

カ．提供　　キ．保護　　ク．削除　　ケ．拒否　　コ．パスワード

05 知的財産権の概要と産業財産権 教科書 p.14〜p.15

1. 知的財産権

（①　　　　　）…知的な創作活動から生産されたもの。

（②　　　　　）…①を他人が無断で使用して利益を得たりすることができないように、創作した人に一定期間与えられる権利。

（③　　　　　）や（④　　　　）などがある。（③、④は順不同）

2. 産業財産権

産業に関する新しい技術やデザインなどについて開発した人に与えられる独占的権利。

（⑤　　　）権、（⑥　　　　　）権、（⑦　　　）権、（⑧　　　）権がある。（⑤〜⑧は順不同）

（⑨　　　　　）…特許庁に出願して認められた時点で権利を得ることができること。

---

1 ◆**知的財産権**　次の図は知的財産権の種類についてまとめたものである。

知的財産権
- （①）権（広義）
- 産業財産権
  - （②）権…物品の形状、構造等の考案を保護
  - （③）権…商品やサービスのマークを保護
  - （④）権…発明を保護
  - （⑤）権…斬新なデザインを保護
- その他

(1) 図中の①〜⑤に当てはまる適切な用語を記入しなさい。

(2) 図中の「その他」としてある権利を、次の語群からすべて選び、記号で答えなさい。

ア．パブリシティ権　イ．植物の品種を開発した権利
ウ．半導体集積回路の回路配置に関する権利　エ．独占生産権

(3) 知的財産権は、その目的に着目すると、（A）創作意欲の促進を目的とした権利と、（B）営業上の信用維持を目的とした権利の2つに大別することもできる。図中の①〜⑤の権利をAとBに分類しなさい。

(1)
①
②
③
④
⑤

(2)

(3)
A
B

!Tips ●音商標の例…出願人：大幸薬品株式会社（出願番号 2015-029809）、第5類／胃腸薬

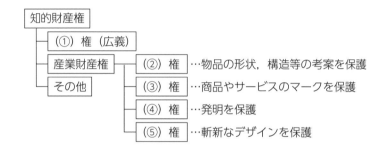

音楽的要素のみからなる音商標について、特許庁が初めて登録を認めたうちの1つである。

2 産業財産権Ⅰ 産業財産権とは，産業に関する新しい技術やデザイン，商標について開発した人に与えられる独占的権利であり，これをまとめたのが次の表である。表中の（　）に当てはまる用語・数字を記入しなさい。

名称	保護対象	保護期間
特許権	自然法則を利用した技術的思想の創作のうち高度なものといえる(1)	出願から(2)年
実用新案権	自然法則を利用した技術的思想の創作のうち物品の形状，(3)などの考案	出願から(4)年
意匠権	視覚を通じて美感を起こさせる斬新な(5)	出願から(6)年
商標権	自他の商品やサービスを区別するための(7)	登録から(8)年

(1)
(2)
(3)
(4)
(5)
(6)
(7)
(8)

3 産業財産権Ⅱ 次の(1)〜(4)は，産業財産権のうちのどの権利に該当するか。語群から選び，記号で答えなさい。

(1) 小型軽量化した携帯電話用電池に関する発明

(2) 自社の車に付けるエンブレムのマーク

(3) 形を工夫して水切りをよくした新型の洗濯機の考案

(4) スマートな姿に見えるジャケットの模様や色彩に関するデザイン

＜語群＞……………………………………………………………………

　ア．意匠権　　イ．商標権　　ウ．実用新案権　　エ．特許権

(1)
(2)
(3)
(4)

4 産業財産権Ⅲ 産業財産権に関する次の(1)〜(5)の文章のうち，適切なものに○，適切でないものに×を記入しなさい。

(1) 同じ発明であっても先に出願した発明のみが特許となり，後に出願した発明は特許にならない。

(2) 発明は，アイデアや思い付きでも権利として認められる。

(3) 特許は，誰でも無料で出願することができる。

(4) 商標には，漢字やローマ字などの文字のほかに記号や図形も使用できる。

(5) 特許の出願は，文化庁へ行わなければならない。

(1)
(2)
(3)
(4)
(5)

❶Tips ●動き商標の例…権利者：株式会社ワコール（登録番号：第5804316号），商標は1から8の順に変化していき，最初はつぼみ状であった図形が，花が開くように徐々に展開し，最終的に二本のリボン状の図形からなる「花」または欧文字の「W」をモチーフにした図形へと変化する。この動き商標は，全体として約1.5秒間である。

1

2

3

4

5

6

7

8

06 著作権 教科書 p.16 ～ p.19

POINT

1. 著作権法

（① ）…②の公正な利用に留意しつつ，著作者などの権利の保護をはかることによって，文化の発展に寄与することを目的とする法律。

2. 著作物

（② ）…思想又は感情を創作的に表現したものであって，文芸，学術，美術又は音楽の範囲に属するもの。

（③ ）…②が創作された時点で自動的に権利が与えられる方式。

3. 著作者の権利（著作権）

（④ ）…著作者の人格的な利益を保護するための権利。著作者の死後は消滅する。

（⑤ ）…著作者の経済的利益のための権利。保護期間は，著作者の死後70年までである。

4. 伝達者の権利（著作隣接権）

（⑥ ）…実演家や放送事業者など，②の公衆への伝達に重要な役割を果たしている者に与えられる権利。演奏や放送を行った時点で権利が発生する。

5. 著作権の例外規定

（⑦ ）のための複製…家庭内で仕事以外の目的で使用するために，②を複製できる。

（⑧ ）…公正な慣行に合致し，正当な範囲内であることを条件として，自分の②に他人の②を掲載できる。

（⑨ ）としての複製…入学試験などの問題として②を複製できる。

6. 著作物の利用

（⑩ ）…著作権者が自分の②を自由に利用するために守るべき条件を意思表示するもの。

---

1 **著作物** 次のア～ソのうち，著作権法上での著作物をすべて選びなさい。

ア．地震速報 イ．アニメ ウ．レポート エ．体育祭のリレーの動画

オ．マンガ カ．書 キ．アイデアや理論 ク．商品名

ケ．地名 コ．翻訳された書籍 サ．自動車や電気製品のデザイン

シ．膨大な時間や費用をかけて計測したデータ ス．作文

セ．流行語 ソ．新聞

2 **著作者の権利（著作権）** 次の(1)～(6)は，著作者の権利について説明したものである。該当する権利の名称を書きなさい。

(1) 著作物を公表するかどうかを決定する権利。

(2) 著作物の内容などを著作者の意に反して改変されない権利。

(3) 著作物を複製する権利。

(4) 映画の著作物を譲渡または貸与する権利。

(5) 美術の著作物を展示する権利。

(6) 著作物を編曲・変形・脚色する権利。

(1)
(2)
(3)
(4)
(5)
(6)

!Tips 著作権判例データベース…特許・意匠・商標・著作権・実用新案・不正競争防止法に関する判例が収録されている。

3 **著作権の例外規定**　例外的に許可なく著作物を利用できる場合がある。その例外に該当するものを，次のア〜オからすべて選びなさい。

　ア．友人のためにテレビ番組を録画して，友人にあげた。

　イ．レポートを作成するため，Web ページ上の統計データの一部を引用した。

　ウ．高校の文化祭で，有名な脚本家の演劇を上演したが，予算をオーバーしそうなので入場料を 100 円取った。

　エ．放課後に友人らと校外のバンドコンテストの練習をするときに，市販の楽譜を全員分コピーして使った。

　オ．高校の体育祭の応援旗に，有名な映画のワンカットをかいて使用した。

4 **引用**　次の(1)〜(5)の文章のうち，引用として適切なものに○，適切でないものに×を記入しなさい。

(1) インターネット上の読書感想文をそのままコピーして，自分の宿題の感想文を作った。

(2) 自分のブログに，インターネットニュースの記事をそのまま掲載した。その際，一般に公開されているものだから，どの Web ページからコピーしたかを特に書かなかった。

(3) 他人の論文中の 2 行ほどを，自分の論文に「　」でくくって掲載した。その際，著作者名等も明記した。

(4) 10 ページの他人の論文を，そのまますべて自分の論文に掲載した。その際，著作者名等も明記した。苦労したが，合計 12 ページの論文が完成した。

(5) インターネット上の評論をコピーして自分の論文に使用した。その際，著作者名等も明記し，評論を枠の中に記載したが，スペースの関係で大幅に内容を割愛して掲載した。

	(1)
	(2)
	(3)
	(4)
	(5)

5 **CC ライセンス**　CC ライセンスでは，著作権の利用条件を示すマークは次の表のようになっており，その組み合わせでライセンス表示を行う。(1)〜(3)の場合，どのマークを組み合わせたらよいか。該当するものをア〜エからすべて選びなさい。ただし，「表示」マークはライセンス表示では必須になっている。

	マーク	条件	内容
ア	(i)	表示	著作物やその著作物に関する情報を表記すること
イ	(¥)	非営利	非営利目的で利用すること
ウ	(=)	改変禁止	著作物を改変しないこと
エ	(↻)	継承	改変は自由だが，元と同じライセンスを付けること

(1) 営利目的での利用は許可しない。ただし，改変は許可する。　(1)

(2) 営利目的での利用は許可するが，改変は許可しない。　(2)

(3) 非営利目的の利用とする。改変は許可するが，同じライセンスを付ける。　(3)

①著作権法　②著作物　③無方式主義　④著作者人格権　⑤著作権（財産権）　⑥著作隣接権　⑦私的使用
⑧引用　⑨試験問題　⑩ CC ライセンス

p.5

1　情報の定義　次の文章を読み，問いに答えなさい。

　　情報というのは生物が生きていくために必要なものであり，それゆえ（①）情報が広義の情報なのですが，その大半をわれわれは認知できません。生態系のなかには不可視の（①）情報が溢れているのです。（①）情報をわれわれ人間が観察し記述したとき，それは（②）情報に転化します。この（②）情報こそいわゆる狭義の情報であって，われわれが日常的に使用している情報概念はほぼこれに対応しているといってよいでしょう。（②）情報の代表は言葉です。仮に言葉の意味つまり記号内容が固定されれば，あとは記号表現を伝達すれば情報が伝わるという気がしてきます。こうして（③）情報が脚光をあびるわけです。（③）情報とは記号内容がいったん切り離されて，記号表現が独立したものに他なりません。これは概念的には（②）情報の一部ということになります。（③）情報というとIT機器の中のデジタル信号を想像しがちですが，これが誕生したのははるか昔です。とりあえず，文字が誕生した約5000年前を，本格的な（③）情報の誕生と位置づけてよいでしょう。古代から中世にかけて膨大な文書が書写されましたが，写字を業とする筆耕は，文書の内容を理解する必要はありません。ただ（③）のように正確に美しく書き写せばよいわけです。（西垣通「ウェブ社会をどう生きるか」より抜粋（一部改変））

(1) 文中①～③に最も適切な語句を入れよ。

(2) ①～③の3種類の情報の包含関係を表している図として最も適切なものを下から一つ選び記号で答えよ。

ア．　　　　　　イ．　　　　　　ウ．　　　　　　エ．

(1)

①

②

③

(2)

p.16～p.19

2　著作権I　高校の吹奏楽部が有名なアーティストの曲を文化祭で演奏している様子を録画し，学校説明会に訪れた中学生へのクラブ紹介用としてその動画のDVDを配布することになった。次の問いに答えなさい。

(1) この例における著作物の複製は，教育機関としての著作物の例外的な使用に該当しない。その理由を書きなさい。

(2) この問題点を解決するためにはどうしたらよいか書きなさい。

(1)

(2)

3 **個人情報と安全対策**　次の(1)～(7)の行為で誤っているところがある。その理由や対応策を簡潔に書きなさい。 p.10 ～ p.13

(1) 「なりすまし」に遭わないように，パスワードを難しい英単語にした。

(2) あるサイトを閲覧していたら，身に覚えのない料金請求をされ，料金を支払わない場合は IP アドレスから利用者を特定し，回収や訴訟を起こすと書かれていたので料金を支払った。

(3) パソコンのハードディスクの中身がインターネット上に公開されたので，恐ろしくなってインターネットの接続を控えるようになった。

(4) 携帯電話にアダルトサイトを紹介するメールが届いたので，今後そのようなメールを送らないでほしいという趣旨の返信メールを送った。

(5) パソコンが故障して使用できなくなったため，共用のものを借りて旅行の予約を行った。

(6) 登録情報の更新をうながすメールがきたのでメール内のリンクからサイトにアクセスしたところ，いつも閲覧しているサイトと同じデザインのサイトであったので，個人情報を入力した。

(7) これまで利用していたコンピュータのハードディスク内の個人情報に関するファイルを「ごみ箱」のアイコンにドラッグ＆ドロップして，さらに「ごみ箱を空にする」の処理をしてから，中古パソコンショップに買い取ってもらった。

4 **著作権Ⅱ**　著作権に関する次の(1)～(4)の文章のうち，適切なものに○，適切でないものに×を記入しなさい。また，適切でない場合はその理由を書きなさい。 p.16 ～ p.19

(1) 修学旅行で生徒全員に配布するしおりとして，市販のいくつかの旅行ガイドブックから名所・見どころの記事を集めたものを掲載した。

(2) ゲームソフトの映像部分は映画の著作物にあたるので，著作権者は頒布権をもっている。

(3) 好きな市販の CD の音楽を，そのまま自分の Web ページに掲載するのは著作権を侵害するので，自分の演奏を録音して Web ページに掲載した。

(4) フランス人が書いたフランス語で出版された本を，日本語に翻訳して出版したいと思うが，言葉が異なっているので著作権の侵害にはならない。

(1)

(2)

(3)

(4)

(5)

(6)

(7)

(1)

(2)

(3)

(4)

07 ｜ コミュニケーションとメディア 教科書 p.22～p.25

POINT

1. コミュニケーション
会話や，電子メールや SNS，メッセージツールを利用したやりとり。

2. コミュニケーションの形態の分類
（①　　　　）…物事が同時に起こる時に存在する関係。

3. コミュニケーションの手段の特徴
○（②　　　　）…筆を使ったり，絵を添えたりすることで個性を出すことができる。
○スマートフォン…音声，文字，静止画，動画の送受信が可能。
○（③　　　　　　　）…②に比べ短時間で受信者に届けられる。

4. コミュニケーションとメディア
（④　　　　　　　）…コミュニケーションに成果を生み出すメディア。

5. メディアリテラシー
（⑤　　　　　　　　　）…情報の真偽を正しく判断する能力や，文字や画像などさまざまなメディアを利用して効果的な形態で表現する能力。
信憑性…情報の正確さや信頼度のこと。
情報を発信する際の留意点
誹謗や中傷，デマの拡散など公序良俗に反する行為をしない。
誤解を招く表現をしない。

---

1 コミュニケーション 次の(1)～(4)に当てはまる語句を記入しなさい。

　私たちは，日頃，同級生や家族と直接話をしたり，電子メール（メール）や(1)，メッセージツールなどを利用したりして，コミュニケーションをはかっている。ある集団や組織における(2)やメッセージの送受信が(3)的に成立している時，その集団・組織内のコミュニケーションが(4)に行われていると判断できる。

(1)＿＿＿＿＿
(2)＿＿＿＿＿
(3)＿＿＿＿＿
(4)＿＿＿＿＿

2 コミュニケーションの手段の特徴 次の(1)～(6)の文章について，それぞれどのコミュニケーション手段の説明となるか。最も適切なものを下のア～ウの中から選び，記号で答えなさい。

(1)お互いに離れていても即座に情報交換が可能である。
(2)手紙に比べて短い時間で受信者に届けることができる。
(3)頭語と結語，時候の挨拶など，マナーとしての形式がある程度決まっている。
(4)車内での使用にあたっては，ルールやマナーを守らなければならない。
(5)受信者に情報が届くまで数日かかる場合がある。
(6)文書ファイルや写真などを添付して送ることができる。
　ア．手紙　　イ．電話　　ウ．電子メール

(1)＿＿＿＿＿
(2)＿＿＿＿＿
(3)＿＿＿＿＿
(4)＿＿＿＿＿
(5)＿＿＿＿＿
(6)＿＿＿＿＿

Tips コミュニケーションは，伝達や会話以外にも通信という意味もある。ICT（Information and Communication Technology）は情報通信技術と訳されている。

3 情報の信憑性 次の(1)〜(5)の文章で，Web ページ上の情報の信憑性の確認方法として適切なものに○，適切でないものに×を記入しなさい。

(1) 新聞やテレビなどほかの情報源と内容を比較する。

(2) 検索サイトで検索した際，検索結果が最初の方に表示されていることを確認する。

(3) 更新日などで情報の内容がいつ発信された情報なのかを確認する。

(4) 情報の発信者が，毎日ブログを更新していることを確認する。

(5) 自由な発言であるように，情報の発信者が匿名であることを確認する。

(1) _____

(2) _____

(3) _____

(4) _____

(5) _____

4 メディアリテラシー 次のア〜カの文章のうち，メディアリテラシーについて説明しているものをすべて選びなさい。

ア．さまざまな情報を多くの人に伝えるためのメディアのことである。

イ．情報をさまざまな視点で分析・評価し，その真偽を正しく判断する能力のことである。

ウ．情報の信憑性を高めるため，なるべくマスメディアの情報を信頼することが必要である。

エ．さまざまなメディアを活用して効果的な形態で表現する能力である。

オ．文字を読んだり書いたりする能力のことである。

カ．発信者の意図を理解するために，また，自らが情報の発信者としての責任を持つために必要である。

5 印象操作 図1 (a) (b) はそれぞれ A 市の有効求人倍率の変化を示したグラフである。次の(1)〜(3)の問いに答えなさい。

(1) _____

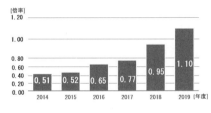

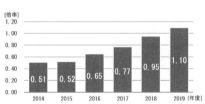

図1 (a) 有効求人倍率の変化　　　　(b) 有効求人倍率の変化

(1) 図1 (a) と (b) の2つのグラフの違いを指摘しなさい。

(2) 図1 (a) のグラフを見た人は，どのような印象を持つと考えられるかを答えなさい。

(3) 図1 (a) のグラフだけを見る場合の注意点を，「印象」と「数値」という語句を使って答えなさい。

(2) _____

(3) _____

08 情報デザインと表現の工夫 教科書 p.26 〜 p.27

POINT

1. 情報デザイン

情報を整理したり，目的や意図をもった情報を受け手に対してわかりやすく（① 　　　）したり，（② 　　　）を高めたりするためのデザインの基礎知識や表現方法およびその技術。

2. 視覚的な表現の工夫

（③ 　　　）…文字の書体。
色の（④ 　　　）…色相・明度・彩度。
（⑤ 　　　）…色相の関係を表した図。
（⑥ 　　　）…⑤で隣り合った色。
（⑦ 　　　）…⑤で向かい合った色。
（⑧ 　　　）…同じ色相で明度・彩度の異なる色。

3. 抽象化した表現

（⑨ 　　　）…伝えたい情報を抽象化し，単純な構図と明瞭な二色で表された視覚記号。

4. グラフや表による可視化

（⑩ 　　　）…視覚的に表現し，その特徴や傾向を把握しやすくすること。

5. 図形による可視化

樹形図，データフロー図，
（⑪ 　　　）。

6. 構造化

（⑫ 　　　）…あるものに対して，私たちが実施可能な操作や行為のこと。

---

1 **配色の工夫** 右図の色相環について，①〜⑫は色を表している。次の(1)，(2)に該当する色を①〜⑫の数字で答えなさい。

(1) ①の補色
(2) ⑩の類似色

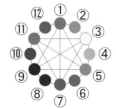

(1) _____
(2) _____

2 **文字の工夫** 次の(1)〜(4)はフォントの例を示したものである。これらのフォントを利用する際に適した用途はどれか。次のア〜エから記号を選び，答えなさい。

(1) 文字　(2) 文字　(3) **文字**　(4) 文字

　　ア．レポートの本文　　イ．スーパーの特売広告　　ウ．賞状
　　エ．スライドなどで強調したい部分

(1) _____
(2) _____
(3) _____
(4) _____

3 **抽象化した表現** 次の(1)〜(5)はピクトグラムで用いられている JIS（日本産業規格）で決められた標準案内図記号の種類である。それぞれの種類は何色で示されているか。次のア〜オから記号を選び，答えなさい。

(1) 指示　(2) 禁止　(3) 安全　(4) 公共施設　(5) 注意

　　ア．黒　　イ．赤　　ウ．黄　　エ．青　　オ．緑

(1) _____
(2) _____
(3) _____
(4) _____
(5) _____

!Tips フォントには，文字の幅がすべて同じ等幅フォントと，文字によって文字の幅が異なるプロポーショナルフォントがある。例えば，MS 明朝は等幅フォント，MSP 明朝はプロポーショナルフォントである。

4 **グラフによる可視化**　次の(1)〜(5)のグラフについての説明として適切な
ものに○，適切でないものに×を記入しなさい。

(1) 数量の割合を比較する場合には円グラフを用いるとよい。

(2) 項目間の数値を比較する場合には折れ線グラフを用いるとよい。

(3) 3D 円グラフは，グラフの作り方によって，見る人に異なる印象を与
えることがある。

(4) データを色分けする場合，暖色は収縮したように，寒色は膨張した
ように感じさせる。

(5) グラフの目盛りの取り方によって，大差あるデータにも，差がほと
んどないデータのようにも見せることができる。

(1) _____
(2) _____
(3) _____
(4) _____
(5) _____

5 **図形による可視化**　次の(1)〜(4)の内容を図形 (ダイアグラム) で表す時，
適切と思われる図形とその名称をア〜エおよびa〜dからそれぞれ記
号で選び，答えなさい。

(1) 学校の窓口における事務処理の流れ

(2) 1 から 10 までの足し算を，コンピュータで処理するプログラムの流
れ

(3) クラス生徒のスマートフォンおよびパソコンの保有人数

(4) 複数がリレーで走る順番

(1) _____
図形： _____
名称： _____
(2) _____
図形： _____
名称： _____
(3) _____
図形： _____
名称： _____
(4) _____
図形： _____
名称： _____

ア.
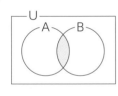

イ.
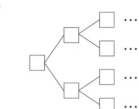

ウ.
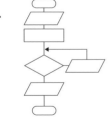

エ.
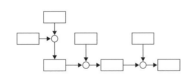

a. 樹形図　b. データフロー図　c. フローチャート　d. ベン図

6 **構造化**　次の(1)〜(5)に入る適切な語句を答えなさい。

　レポートや論文などの文章は，読み手が理解しやすいように意味のま
とまりごとに分けて構造化する。例えば，各段落の行頭で(1)をしたり，
章や(2)に分けたりする。章や(2)のはじめには(3)を付ける。

　さらに，レイアウトを整えることも重要である。(4)や表は適切な位置
に見やすい大きさで配置し，(3)を付ける。フッタには(5)を入れる。

(1) _____
(2) _____
(3) _____
(4) _____
(5) _____

---

①伝達　②操作性　③フォント　④三要素　⑤色相環　⑥類似色　⑦補色　⑧同系色　⑨ピクトグラム
⑩可視化　⑪フローチャート　⑫アフォーダンス

AD プレゼンテーション 教科書 p.28 〜 p.31

POINT

1. 論文と感想文

論文と感想文との違い

（①　　　　）…客観的な事実から結論を導く論理的な過程を記述。

（②　　　　）…書き手の主観を記述。

2. 論文の構成

（③　　　），要約，序論，（④　　　），結論，（⑤　　　）。

3. 論の構築

論文全体の論は，理由と結論からなるそれぞれの論の積み重ねでできている。

4. 論理展開の基本構造

頭括式（演繹型），尾括式（帰納型），双括式。

5. 論理展開と接続詞

接続詞の種類

論理を展開させるもの。

論理に広がりや具体性をもたせるもの。

6. プレゼンテーションの目的と方法

話し手として意図することを正確にわかりやすく，印象深く，効率的に伝える技術を身に付けることが大切。

7. プレゼンテーションの企画

（⑥　　　　　　　）…主題や目標，伝達の内容などを一覧にした計画表のこと。

（⑦　　　　　　　）…内容の構成を一覧にしたもの。

（⑧　　　　　　　）…絵コンテのこと。

（⑨　　　　　　　）…背景やスライド内の書式があらかじめ用意されたひな型のこと。

（⑩　　　　　　　）…基準となるデザインテンプレート。

8. プレゼンテーションの評価

（⑪　　　　　　　）…評価の観点や基準を数値化するためにまとめた表のこと。

---

1 **論文と感想文**　次の(1)〜(4)の論文や感想文についての文章で，正しいものに○，誤っているものに×を記入しなさい。

(1) 論文とは客観的な事実をもとに，新しい事実や法則を導き出す過程を記述したものである。

(2) 自分の主張を相手に納得してもらうためには感想文形式で記述することが大切である。

(3)「〜と思った。」と記述されたものは感想文である。

(4) 書き手の主観を記述したものは論文である。

(1) _____

(2) _____

(3) _____

(4) _____

2 **論文の構成**　論文の文章構成について，適切な文章構成を次のア〜オから1つ選び，記号で答えなさい。

ア．表題　→　要約　→　本論　→　序論　→　結論　→　文献表

イ．表題　→　序論　→　結論　→　本論　→　要約　→　文献表

ウ．表題　→　要約　→　序論　→　本論　→　結論　→　文献表

エ．表題　→　本論　→　序論　→　要約　→　結論　→　文献表

オ．表題　→　序論　→　本論　→　結論　→　要約　→　文献表

_____

ⓘTips プレゼンテーションソフトウェアには，自動スライド切り替え機能や，文字や画像を動かすアニメーション機能があるが，多用すると聴き手に散漫な印象を与えるためポイントに限って使用する。

3 **論理展開と接続詞**　次の(1)～(6)の接続詞について適切な分類を下のア～カから記号で選び，答えなさい。

(1)例えば　(2)しかし　(3)さらに　(4)だから　(5)一方で　(6)ただし

　　ア．帰結　　イ．制限　　ウ．逆接　　エ．付加　　オ．例示

　　カ．対比

(1)
(2)
(3)
(4)
(5)
(6)

4 **プレゼンテーションの準備**　次の(1)～(5)の内容は，プレゼンテーションを行う際，事前に準備しておくとよいものである。それぞれの名称をア～オから記号で選び，答えなさい。

(1)プレゼンテーションの企画や検討した内容などをまとめた表

(2)スライドのレイアウトや発表内容を書き込んだもの

(3)プレゼンテーションの内容を紙面にまとめた配布資料

(4)スライド全体のイメージを統一して見栄えをよくするためのひな型

(5)プレゼンテーション実施後の評価の観点とその基準になることをまとめた表

　　ア．ストーリーボード　　イ．レジュメ　　ウ．プランニングシート

　　エ．ルーブリック　　　オ．デザインテンプレート

(1)
(2)
(3)
(4)
(5)

5 **スライドの作成**　説明時にプレゼンテーションソフトウェアを用いてスライドを作成する場合について，次の2つのスライドを見て，(1)～(3)の問いに答えなさい。

イチリンソウとは
1つの茎に花が1つだけ咲くのでイチリンソウと呼ぶ。

スライドA

イチリンソウとは

スライドB

(1)グループで分担して統一感のあるスライドを作る時に利用する基準のデザインテンプレートを何と呼ぶか。

(2)スライドAとスライドBは同じ内容であるが，より具体的に花の形がわかりやすいスライドはどちらか。

(3)(2)で解答したスライドではないスライドの改良点を下のア～ウから選び，記号で答えなさい。

　　ア．イラストや簡単な語句，箇条書きなどにする。

　　イ．さらに詳しく説明文を追加する。

　　ウ．目立つようにいろいろな色や背景色にする。

(1)
(2)
(3)

①論文　②感想文　③表題　④本論　⑤文献表　⑥プランニングシート　⑦アウトライン
⑧ストーリーボード　⑨デザインテンプレート　⑩スライドマスター　⑪ルーブリック

09 | Webページと情報デザイン 教科書 p.32〜p.41

POINT

1. Webページの特徴

Webページ
ブラウザなどで表示されるデータのまとまり。

2. Webページの公開

（①　　　　　）…ブラウザを用いてサーバ側でWebページを作成するシステム。

3. Webサイトの設計

（②　　　　　　　）…同一の管理者が管理する複数のページで構成されたページの全体。

（③　　　　　　　）…②内における各ページへのつながりのこと。

4. Webページの構成

ヘッダ領域，ナビゲーション領域，メイン領域，コンテンツ領域，フッタ領域。

5. HTMLの基礎

（④　　　　　）…Webページを記述するための言語。

（⑤　　　）…「<」から「>」までの文字列で，文字の大きさ，画像の配置，リンク先の指示などを行うもの。

6. Webページの作成

（⑥　　　　　　　　）…閲覧者がクリックすると関連する別のWebページや特定の場所にジャンプできる機能をもつ文書。

（⑦　　　　　）…⑥で関連付けること。

7. CSSの活用

（⑧　　　　　）…HTML文書を装飾するための技術。

（⑨　　　　　）…⑧を要素に適用するための識別子のこと。

8. より多くの人に閲覧してもらう工夫

（⑩　　　　　　　　　　）…検索サイトで上位に表示されるための工夫。

（⑪　　　　　　　　　　　）…1つのHTML文章に対して端末ごとにCSSを用いて表示を変える手法。

---

1 **Webサイトの設計**　次の図はWebページの画面表示例で，矢印の方向に画面が移動する。(1)〜(3)の問いに答えなさい。

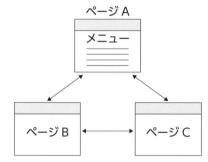

ページA

メニュー

ページB　　ページC

(1) ページAは，最初に表示されるページである。何と呼ばれるページか。

(2) 個人や団体など同一の管理者が管理する複数のページで構成されたページの全体を何というか。

(3) ページAからページBやページCなどにページを移動し表示できる設定を何というか。

(1) _____

(2) _____

(3) _____

!Tips・情報デザインを向上させる方法には，アイコンなどで抽象化する方法，グラフなどで可視化する方法，Webサイトの階層構造などで構造化する方法などがある。

2 **Web サイト内の情報構造**　次の(1)～(3)は，Web サイト内の情報構造の特徴を示している。それぞれの名称と構造を a ～ c およびア～ウから記号で選び，答えなさい。

(1) ページ間の移動が自由だが，全体像がとらえにくい

(2) サイト内で現在地を把握しやすい

(3) ユーザに順を追って進んでほしい場合に有効

　名称　a. 階層構造　b. 直線的構造　c. 網状構造

　構造　ア.　　　　　　　　　　　　　　イ.

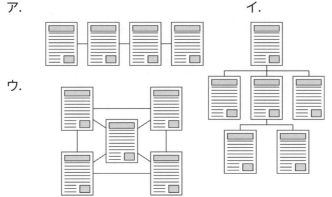

　　　ウ.

(1)	
名称：	
構造：	
(2)	
名称：	
構造：	
(3)	
名称：	
構造：	

3 **Web ページの構成**　次の(1)～(5)の内容は主に Web ページのどの領域で構成されているかア～オから選び，記号で答えなさい。

(1) Web ページの主たる情報　　(2) ロゴやサイト名

(3) 著作権表示や問い合わせ先　　(4) メニューボタン

(5) Web ページの内容を紹介するリード文

　　ア. ヘッダ領域　イ. ナビゲーション領域　ウ. メイン領域

　　エ. コンテンツ領域　オ. フッタ領域

(1)	
(2)	
(3)	
(4)	
(5)	

4 **Web ページの作成**　次の(1)～(6)のうち，Web ページに関する文章として正しいものには○を，そうでないものには×を記入しなさい。

(1) Web ページを作成する場合，最後に文字コードやタイトルなどを指定する。

(2) 画像ファイルを用いる場合には，カメラで撮影した画像データをそのまま用いるとよい。

(3) 外部サイトにリンクをする場合，もとのページを残したまま別のタブで表示する指定ができる。

(4) 画像を表示する場合，alt 属性を用いて代替テキストを指定することにより，ウェブアクセシビリティを高めることができる。

(5) リンクは，メニューの Web ページへ戻るため以外では設定してはいけない。

(6) 公開されている地図提供サイトの中には地図を自分の Web ページに埋め込むことができるものがある。

(1)	
(2)	
(3)	
(4)	
(5)	
(6)	

p.23

1 **メールの作成** 次の図1は，文化祭での交流試合観戦の招待をするため，友人3人にメールで送ろうとして作成したものである。送信前に，先生に見せたところ，図2のように訂正された。訂正箇所を理由とともに5つ指摘しなさい。

図1

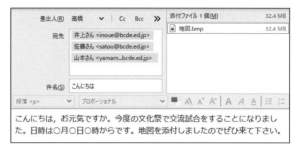

図2

2 **プレゼンテーションの企画** 次の(1)〜(5)のプレゼンテーションに関する文章として正しいものには○を，そうでないものには×を記入しなさい。

p.30 〜 p.31

(1) スライドを複数で分担して作成する場合には，全体のイメージを統一させることはできない。

(2) プレゼンテーションの事前作業を効率的に進めるにはプランニングシートを作成するとよい。

(3) グループ内で各々がプレゼンテーションファイルのスライドを作成した後，1つのプレゼンテーションファイルに統合することができる。

(4) マイクが必要な広い発表会場を用いる場合，しっかりと発表できればスピーカーで聞こえているはずなので，聴き手の関心を気にすることはない。

(5) 発表者は発表中に身振りや手振りを用いて発表することは，効果的な伝達方法の工夫である。

(1)

(2)

(3)

(4)

(5)

3 **論理展開の基本構造**　次の報告書を読み，下の問いに答えなさい。

> ┌─ 夏の水不足 ─
> ①本州では夏になると晴天が続き，水源地の降水量が不足する。②さらに暑さのため，水の需要が増加して水不足が発生する。③水不足の対策としては，降水を待つか，家庭や企業などでの節水が必要になるのである。

(1) 下線部の①〜③の文を理由と結論とにそれぞれ分類しなさい。

(2) この文章構造は，頭括式（演繹型）か尾括式（帰納型）か。

(3) この文章構造の方式（型）を反対に変え，文章を書き直しなさい。

4 **Web ページの作成**　次の2つのHTMLファイル A，B のタグとそれを表示した Web ページについて，下の問いに答えなさい。

(1) ファイル A とファイル B の①〜⑥の空欄に適当な語句を記入しなさい。

(2) ファイル B のファイル名を答えなさい。

(3) Web ページ B にあるオニユリの画像が何らかの事情で表示されなかった時に，マウスポインタをもっていくと表示される語句を答えなさい。

(4) Web ページ A から Web ページ B に移動するには，マウスで画面のどこをクリックすればよいか。

<HTML ファイル A>

```
<html>
  <head>
    < ① >植物</ ① >
  </head>
  <body>
    <p><h2>ユリの花紹介</h2></p>
    <p>
    <a ② ="yuri.html">ユリのスケッチ
    </a>
    < ③ >
  < ④ >
</html>
```

<HTML ファイル B>

```
<html>
  <head>
    <title>ユリのスケッチ</title>
  </head>
  <body>
    <h2>オニユリ</h2>
    <p>
    < ⑤ src="oniyuri.jpg" alt="ユリの絵">
    </p>
    <p>7月に< ⑥ >
      咲き，スケッチ</p>
  </body>
</html>
```

ブラウザでの表示　　　　ブラウザでの表示

<Web ページ A>↓

| 植物　　　　　　　　　　×|
| 🔍 |
| **ユリの花紹介** |
| ユリのスケッチ |

リンク →

<Web ページ B>↓

| ユリのスケッチ　　　　　×|
| 🔍 |
| **オニユリ** |
| （オニユリの絵） |
| 7月に |
| 咲き，スケッチ |

---

p.29
(1)
理由：
結論：
(2)
(3)

p.34 〜 p.37

(1)
①
②
③
④
⑤
⑥
(2)
(3)
(4)

25

10 ｜ デジタル情報の特徴 教科書 p.44 ～ p.45

POINT

（①　　　　　）…連続的な量で表現すること。

（②　　　　　）…離散的な量で表現すること。

コンピュータの②表現

文字，数値，画像などのすべての情報を 0 と 1 で表現。

（③　　　　　）…0 と 1 の組み合わせで数を表現する方法。

（④　　　　　）…③で表した数値。

情報量とその単位

（⑤　　　　　）…情報量の最小単位。④の 1 桁に相当。

（⑥　　　　　）…⑤の単位を 8 桁まとめた単位。

表現できる情報の数

⑤の単位 n 桁で表現できる情報の数 = 2^n 通り。

1 アナログとデジタル 次の(1)～(6)の文章は，アナログとデジタルのどちらについて述べたものか，それぞれ答えなさい。

(1)温度を測定するときに，水銀柱の高さで表された温度を用いる。

(2)最小単位があり，それより細かな段階を表せない。

(3)状態を電圧の大きさなどの連続量で表現する。

(4)測定結果を 0 と 1 の 2 進数で表現する。

(5)楽器の生演奏の音の大きさは空気の振動で伝わるため連続的に変化する。

(6)年齢は生まれてから経過した年数なのでこれに相当する。

アナログ

デジタル

2 デジタルの特徴 次の文の空欄に適切な語句を語群から選び，記号で答えなさい。

（1　　　）方式では，(1) 信号を送信する時，(2　　　)が加わると，それを完全に取り除くことができない。これに対してデジタル方式では，(1) 波形の微妙な変化を，ビットの有無やデジタル信号のようなはっきりした変化に置き換えているので，(2) に強く，情報の品質を維持しやすい。例えば，CD に録音した音楽はコピーを繰り返しても (2) が入らない。

デジタル化するデータは（3　　　）化されるため，修正や編集などの加工が容易になる。また，(3) 化されたことによりデータ容量を減らす（4　　　）やセキュリティ向上のための（5　　　）化などの複雑な計算もできる。

デジタルは，さまざまな情報（数値，文字，音声，静止画，動画など）を 0 と 1 で表す。コンピュータはこれを利用して各種データを（6　　　）して取り扱っている。

<語群>‥‥‥‥‥‥‥‥‥‥‥‥‥‥‥‥‥‥‥‥‥‥‥‥‥‥‥‥

ア. 暗号　イ. 圧縮　ウ. 数値　エ. 統合　オ. ノイズ

カ. アナログ

(1)
(2)
(3)
(4)
(5)
(6)

Tips 量子ビット　量子コンピュータに用いられる情報の単位。2 進法 1 ビットと異なり 2 つまたはそれ以上の状態を同時に表すことができる（重ね合わせの性質）。

3 **コンピュータのデジタル表現**　次の文の空欄に適切な語句を答えなさい。

デジタルでは，文字，数値，画像などの情報をすべて 0 と 1 の組み合わせで表現することができる。このように 0 と 1 の組み合わせで数を表現する方法を（1　　　）といい，（1）で表した数値を（2　　　）と呼ぶ。コンピュータを構成するさまざまな内部装置は電圧の高低で動作する。例えば，高い方を 5V，低い方を 0V とし，このどちらかの電気信号しか扱えない。つまり，高い方を 1，低い方を 0 として表現できる（2）は，コンピュータで扱うのに向いているといえる。

(1) _____

(2) _____

4 **情報量とその単位**　以下の問いに答えなさい。

(1) 次の文の空欄に適切な語句を語群から選び，記号で答えなさい。なお，語群には該当しないものも含まれている。

情報量の最小単位を（①　　　）といい，2 進数の（②　　　）桁に相当する。これで 2 通りの情報を表現できる。これを（③　　　）桁まとめて 1（④　　　）といい，1B と記述する。つまり，3B は（①）単位で（⑤　　　）桁になり，（⑥　　　）通りの情報を表現できる。

また，1024B を 1KB，1024KB を 1（⑦　　　）と表現する。例えば，24KB が（①）の単位の何桁になるかを計算するためには，（⑧　　　）の式を計算すればよい。このように 1024 倍ごとに変わるのは，コンピュータが 2 進数表現を基本としているからである。

(1)

① _____

② _____

③ _____

④ _____

⑤ _____

⑥ _____

⑦ _____

⑧ _____

<語群>・・・

ア．1　イ．8　ウ．24　エ．2^{24}　オ．ビット　カ．バイト

キ．MB　ク．24 × 1024　ケ．1024 ÷ 24　コ．24 × 1024 × 8

サ．24 × 1024 ÷ 8

(2) 次の文の空欄に適切な語句や数値を答えなさい。

32 ビットで表現できる情報の数は，24 ビットで表現できる情報の数の何倍になるか考えてみる。例えば，3 ビットなら 000，001，010，011，（①　　　），101，110，111 の（②　　　）通りであることがわかる。これは，$2^3 = 8$ で求めることができる。これを利用して 8 ビットなら 2^8 通りとなり，24 ビットなら（③　　　）通りとなる。したがって，

$2^{32} ÷ $（③）$ = $（④　　　）

となり，32 ビットで表現できる情報の数は，24 ビットで表現できる情報の数の（④）倍となる。

(2)

① _____

② _____

③ _____

④ _____

(3) 1mm から 1,000mm までの長さを 1mm 単位で表すには，少なくとも何ビット必要か答えなさい。

(3) _____

11 数値と文字の表現　教科書 p.46 ～ p.49

POINT

（①　　　　　　）…0 ～ 9 までの 10 種類の数値と A ～ F までの 6 種類の文字を用いる方法で表現された数値。

2 進数・10 進数・①の変換

(1) 10 進数を 2 進数に変換→商が 1 になるまで 10 進数を 2 で割り，その商と余りを順番に並べる。

(2) 1 桁上がるごとの各桁の重み→ 10 進数で 10 倍，2 進数で 2 倍，①で 16 倍になる。

(3) 2 進数 4 桁→①の 1 桁に相当する。

（②　　　　　）…ある記数法において整数 n に整数 m を足した時，桁が繰り上がる値の中で最も小さい m。

（③　　　　　　　）…小数点の位置を動かし実数を効率よく表現するための表現方法。

（④　　　　　）…符号を表すための左端 1 ビット（次の S の部分）。

（⑤　　　　　）…次の E の部分。

（⑥　　　　　）…次の M の部分。

$(-1)^S \times 1.M \times 2^E$

（⑦　　　　　　）…コンピュータ内部で文字や記号を 2 進数表現するために取り決めたもの。英数字や記号などは 1 バイト，漢字など文字種が多いものは 2 バイト以上で表す。

（⑧　　　　　　）…半角英数字や半角カタカナ，半角記号などを 1 バイト，日本語の文字などを 2 バイトで表す。

---

1 **10 進数，2 進数，16 進数の関係**　次の表の空欄に適切な数字や文字を答えなさい。

(1)
(2)
(3)
(4)
(5)
(6)
(7)
(8)
(9)
(10)

10 進数	2 進数	16 進数	10 進数	2 進数	16 進数
0	0000	0	11	1011	B
1	0001	1	12	1100	C
2	0010	2	13	1101	D
3	0011	3	14	1110	E
4	(1　　　)	4	15	1111	F
5	0101	5	16	(4　　　)	(6　　)
6	0110	6	17	(5　　　)	(7　　)
7	0111	7	18	10010	(8　　)
8	(2　　　)	8	19	10011	(9　　)
9	1001	9	20	10100	(10　　)
10	1010	(3　　)			

Tips 絵文字（emoji）1999 年に NTT ドコモの携帯電話に搭載された 12 × 12 ピクセルの絵文字。当初，同一キャリア間でのみ利用可能だったが，2010 年には Unicode にも emoji として登録された。

2 **補数による負の数の表現**　次の2進数をそれぞれ10進数に変換しなさい。ただし，2進数は4ビットの整数とし，負の値は補数表現されている。

(**1**) $0111_{(2)}$　(**2**) $0101_{(2)}$　(**3**) $1111_{(2)}$　(**4**) $1101_{(2)}$

(1)
(2)
(3)
(4)

3 **コンピュータでの実数の表現**　次の文の空欄に適切な語句や数値を答えなさい。

　小数部分を含む実数はコンピュータでは，左のビットから順番に1ビットの (1   ) と (2   )，(3   ) の3つからなる (4   ) 数での表現が多く使われている。

　今，0.625を32ビットで以下のように分けて表現する (4) 数で表現したい。

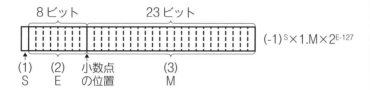

8ビット　　　　23ビット

$(-1)^S \times 1.M \times 2^{E-127}$

(1)　(2)　小数点　　(3)
S　　E　　の位置　　M

　0.625は 0.5 + 0.125 なので2進法の小数表記では $0.101_{(2)}$ となる。これを最上位ビットが1になるようにすると，$1.01 \times 2^{(5\ \ \ )}$ となるので，(3) M は $010\ 0000\ 0000\ 0000\ 0000\ 0000_{(2)}$ と表現できる。さらに，0.625は正の数なので (1) S は0，(2) E は (5) $= E - 127$ を計算すればよい。つまり，E は2進数で表すと，(6   ) となる。これらを上記の順番に並べて16進数で表すと，0.625は上記の (4) 数で (7   ) と表現できる。

(1)
(2)
(3)
(4)
(5)
(6)
(7)

4 **文字の表現**　次の文の空欄に適切な語句を語群から選び，記号で答えなさい。なお，語群には該当しないものも含まれる。

　文字や記号も0と1の組み合わせで表現できる。文字や記号を2進数や16進数に対応させたものを (1   ) という。英数字や記号などは (2   ) バイト（16進数で2桁）で表し，漢字などは種類が多いので (3   ) バイト（16進数で4桁）以上で表す。原理的には，(2) バイトで (4   ) 種類，(3) バイトでは (5   ) 種類の文字を表現できる。

　(1) の例として，半角英数字や半角カタカナ，半角記号などが (6   ) バイト，日本語の文字などが (7   ) バイト以上で割り当てられている (8   ) コードがある。また，(8) 以外に，シフトJISコード，EUC，世界各国のさまざまな言語の文字を扱えるUnicode の一種の (9   ) などがある。

(1)
(2)
(3)
(4)
(5)
(6)
(7)
(8)
(9)

＜語群＞………………………………………………………

　ア．JIS　イ．UTF-8　ウ．文字コード　エ．65536　オ．256
　カ．1　キ．2　ク．8　ケ．16　コ．32

12 演算の仕組み 教科書 p.50 〜 p.53

POINT

1. 数値（2 進数）の計算

2 進数の複数桁の計算は，下位の桁から順に，（①　　　　　　）に注意して行う。

（②　　　　　）を使った減算

コンピュータ内部で減算する時，②を用いると加算による計算が可能となる。

2. コンピュータが計算する仕組み

（③　　　　　　）…コンピュータで演算や制御を行う回路。

（④　　　　　　）…入力の 0 と 1 に対して出力の 0 と 1 を組み合わせたものの一覧。

（⑤　　　　　　）（AND 回路）…2 つの入力と 1 つの出力をもつ回路で，2 つの入力がともに 1 の時だけ，出力信号が 1 になる回路。

（⑥　　　　　　）（OR 回路）…2 つの入力と 1 つの出力をもつ回路で，1 つの入力のいずれか一方が 1 の時，出力信号が 1 になる回路。

（⑦　　　　　　）（NOT 回路）…1 つの入力と 1 つの出力をもつ回路で，入力信号を反転した値を出力信号とする回路。

1　2 進数の加減算　次の文の空欄に適切な語句や数値を答えなさい。

2 進数の加算では，$1_{(2)} + 1_{(2)}$ は（1　　　）$_{(2)}$ となり，各位の計算が $1_{(2)} + 1_{(2)}$ の時だけ次の桁に 1 が繰り上がる。2 進数の減算では，$10_{(2)} - 1_{(2)}$ は（2　　　）$_{(2)}$ となり，各位の計算が $0_{(2)} - 1_{(2)}$ の時だけ上の桁から 1 を借りることになり，下の桁には 1 が 2 つ入って計算する。

コンピュータの内部では，（3　　　）を使って計算することで，減算もすべて加算で行うことができる。これにより，減算用の回路を用意しなくてもよく，回路が簡単になるというメリットがある。例えば，減算 a − b は，a +（b の（3））として，（4　　　）を無視して計算することができる。具体的に，$110_{(2)} - 011_{(2)}$ の計算を（3）を使って加算で計算してみると，以下のようになる。

2 進数の減算 $110_{(2)} - 011_{(2)}$

① $011_{(2)}$ の（3）は（5　　　）$_{(2)}$

② $110_{(2)} +$（5）$_{(2)} =$（6　　　）$_{(2)}$

③（4）を無視して（7　　　）$_{(2)}$

(1)
(2)
(3)
(4)
(5)
(6)
(7)

(1)
(2)
(3)
(4)

2　2 進数の加算　次の 2 進数の計算を行いなさい。

(1) $0100_{(2)} + 0110_{(2)}$　　(2) $0110_{(2)} + 0101_{(2)}$

(3) $1010_{(2)} + 0010_{(2)}$　　(4) $1010_{(2)} + 1001_{(2)}$

Tips トランジスタ 電子回路において，小さな信号を大きく（増幅）したり，信号によって電気を流したり止めたり（スイッチング）することができる半導体素子。電子機器の小型・高性能化に大きく貢献している。

3 ◆**2進数の倍数**　次のア〜エのうち，2進数 10111 $_{(2)}$ を5倍したものはどれか，1つ選びなさい。

　ア．111010 $_{(2)}$　　イ．111110 $_{(2)}$　　ウ．1000010 $_{(2)}$
　エ．1110011 $_{(2)}$

4 **補数を使った減算**　補数を利用して次の減算を加算で行いなさい。ただし，計算は5ビットで行うものとし，2進数は補数表現されているものとする。

　(**1**) 01001 $_{(2)}$ － 00110 $_{(2)}$
　　① 00110 $_{(2)}$ の補数を答えなさい。　　②補数を使って計算しなさい。

　(**2**) 11110 $_{(2)}$ － 01000 $_{(2)}$
　　① 01000 $_{(2)}$ の補数を答えなさい。　　②補数を使って計算しなさい。

　(**3**) 01011 $_{(2)}$ － 11100 $_{(2)}$
　　① 11100 $_{(2)}$ の補数を答えなさい。　　②補数を使って計算しなさい。

　(**4**) 10100 $_{(2)}$ － 11010 $_{(2)}$
　　① 11010 $_{(2)}$ の補数を答えなさい。　　②補数を使って計算しなさい。

(**1**)
①
②
(**2**)
①
②
(**3**)
①
②
(**4**)
①
②

5 ◆**論理回路**　図の論理回路と同じ出力が得られる論理回路はどれか，次のア〜エのうちから正しいものを1つ選びなさい。

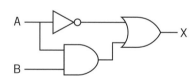

ア.
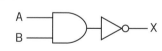

イ.
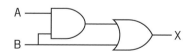

ウ.
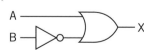

エ.
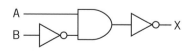

13 | 音の表現 教科書 p.54 ～ p.55

POINT

1. 音

（①　　　　　）…1 秒間に含まれる波の数。単位は Hz（ヘルツ）。

（②　　　　　）…1 個の波が伝わる時間。単位は秒。

2. 音のデジタル化

（③　　　　　　）…横軸を一定の時間間隔で区切り，音の振れの値を取り出す。

（④　　　　　）…区切る時間間隔。単位は秒。

（⑤　　　　　　）…④の逆数。単位は Hz。1 秒間に③する回数を表す。

（⑥　　　　　）…縦軸を一定間隔で区切り，段階値を決めておき，③した点の振れの値を最も近い段階値にそろえること。

（⑦　　　　　　　）…⑥の段階数を決めるもの。一般に n ビットで 2^n 段階となる。

（⑧　　　　　　）…⑥した値を 2 進数で表現すること。

（⑨　　　　　　）方式…音などの情報を 2 進数の符号に変換する方式。

3. ⑤と⑥の段階数

⑤が大きいほど，また，⑥する際の段階の数が（⑩　　　　　）ほど，元のアナログ波形に近くなるが，データ量は（⑪　　　　　）。

① _____
② _____
③ _____
④ _____
⑤ _____
⑥ _____
⑦ _____

1 音のデジタル化手順　次の文の空欄に適切な語句を語群から選び，記号で答えなさい。

右図の音のアナログ波形をデジタル化する過程は次のようになる。なお，今回は 8 段階（3 ビット）でデジタル化している。

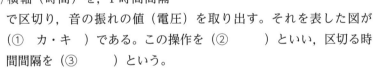

(1) 横軸（時間）を，1 時間間隔で区切り，音の振れの値（電圧）を取り出す。それを表した図が（①　カ・キ　）である。この操作を（②　　　）といい，区切る時間間隔を（③　　　）という。

(2) 縦軸（電圧）を 8 段階で区切り，（②）した点の値を最も近い段階値にそろえると，図（④　カ・キ　）のようになる。これを（⑤　　　）という。（⑤）の段階数を決めるものを（⑥　　　）という。

(3) （⑤）した値を 2 進数で表現することを（⑦　　　）という。

＜語群＞……………………………………………………………………………………

ア．標本化周期　イ．量子化ビット　ウ．量子化　エ．符号化

オ．標本化

カ.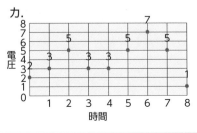

キ.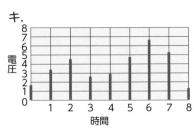

!Tips ハイレゾリューションオーディオ（ハイレゾ音源）　従来の CD を超える情報量をもつ高音質音源。

高校情報Ⅰ
JavaScript
学習ノート
解 答 編

実教出版

第1章　情報社会

01　情報と情報社会 (p.2)

1 (1) イ　例：②，③　(2) ア　例：⑥，⑦
(3) ウ　例：①，⑤　(4) エ　例：④，⑧
2 (1) ウ　(2) イ　(3) ア
3 (1) イ　(2) ア　(3) ウ
《解説》最も広義の情報である生命情報の中に社会情報が含まれ，社会情報の中に機械情報が含まれる。
4 (1) ア，ウ，オ　(2) イ，キ　(3) エ，カ
5 (1) 音声　(2) 動画　(3) 図形
(4) 静止画　(5) 文字
《解説》それぞれのメディアには特性があり，それらを組み合わせることによって，伝えたい情報をより効果的に伝達することができる。
6 (1) イ，ウ，エ，オ　(2) ア，カ

02　問題解決の考え方 (p.4)

1 (1) ウ　(2) ア
2 Plan・オ　Do・イ　Check・ア
Action・ウ
3 ア，エ
《解説》ブレーンストーミングとは，自由に意見を出し合って，問題解決のヒントを得るための話し合いのことである。
4 (1) イ　(2) ウ　(3) ア
《解説》(1)個々の具体的な事実から一般的な原則を導こうとしているので帰納的推論である。
(2)このような推論は「アブダクション（仮説推論）」と呼ばれる。
(3)一般的な原則から個々の具体的な事柄が正しいことを導いているので演繹的推論である。
5 (1) ア，エ，カ，キ　(2) ウ，オ
6 (1) イ　(2) オ　(3) ア　(4) ウ

03　法規による安全対策 (p.6)

1 (1) ウ　(2) ア
2 (1) ① B　② A　③ C
④ A　⑤ C　⑥ B

(2) 例：②　パスワードを人の目につくようなところに置いておかない。
例：③と⑤　他人にパスワードを教えない。
例：④　他人が推測できるパスワードにしない。
《解説》なりすまし行為と呼ばれる行為であり，正規のユーザIDとパスワードを使ってログインする行為はファイアウォールでは防ぐことができない。
3 (1) ○　(2) ○　(3) ×
4 (1) エ　(2) オ
《解説》(1)なりすまし行為である。
(2)事前に本人の了承を得ずに，本来の目的を逸脱して個人情報を利用してはならない。
5 (1) ア　(2) イ　(3) エ　(4) ウ

04　個人情報とその扱い (p.8)

1 イ，エ
《解説》行政などで個人を特定する場合に必要な，氏名，住所，生年月日，性別を基本四情報という。
2 (1) ○　(2) ×　(3) ×　(4) ○
(5) ×　(6) ×　(7) ○　(8) ×
《解説》(1)プライバシーポリシーは，そのサイトにおいて収集した個人情報をどう扱うのかを定めた規範のことである。
(2)パソコンを処分する場合，データ消去ソフトを利用するなどして，データを完全に消去した状態にするべきである。
(5)シュレッダー等を利用して宛名や内容がわからないようにする。
(8)他の入場者の個人情報が見られてしまう。
3 イ，ウ
《解説》ア．風景には肖像権が存在しない。
ウ．入場料は，肖像権やパブリシティ権使用の対価に当たらない。
4 ウ，オ，ケ
5 (1) イ　(2) ウ　(3) エ
6 (1) エ　(2) オ　(3) ア　(4) カ

05　知的財産権の概要と産業財産権 (p.10)

1 (1) ① 著作　② 実用新案　③ 商標
④ 特許　⑤ 意匠

(2) イ，ウ

(3) A ①，②，④，⑤　B ③

《解説》(2)ア．パブリシティ権は，有名人が名前や肖像を商品化したり宣伝に利用したりする権利である。エ．独占生産権は，企業間の契約などの上で規定されることがあるが，知的財産権の中にはそのような権利はない。

(3)企業等が，商品やサービスの目印として商標を使用し，信用の維持がはかられることにより，産業が発達し消費者の利益が保護される。そのための権利が商標権である。

2 (1) 発明　(2) 20　(3) 構造

(4) 10　(5) デザイン(意匠)

(6) 25　(7) マーク(商標)　(8) 10

3 (1) エ　(2) イ　(3) ウ　(4) ア

4 (1) ○　(2) ×　(3) ×　(4) ○　(5) ×

《解説》(1)日本は先願主義なので，同じ発明であっても先に出願した発明のみが特許となる。

(2)発明はアイデアだけでは未完成であり，出願時に特許庁へ提出した明細書に，発明の目的・構成・効果などをできるだけ具体的に記載し，その明細書を見れば誰もがその発明を実施できる程度まで書かれていなければ，権利として認められない。

(3)特許出願には費用がかかる。また出願後，出願内容の審査を受けるために審査請求を行う際も費用がかかり，さらに審査に合格した後，特許権を得るために特許料を納付する必要がある。

(5)特許の出願は，特許庁に行う。

06	著作権
	(p.12)

1 イ，ウ，エ，オ，カ，コ，ス，ソ

《解説》(1)ア．地震速報は，「創作的」に表現したものではなく，事実の伝達にすぎない。

キ．著作物は「表現」されたものが保護の対象なので，アイデアや理論などの抽象的なものは著作物ではない。ただし，そのアイデアや理論を解説した解説書等は，著作物になる。

ク．登録した商品名は，商標権の対象となる。

ケ．地名は「思想又は感情を創作的に表現」したものではない。

サ．自動車や電気製品などの工業的に量産される実用品のデザインについては，「文芸，学術，美術又は音楽の範囲に属する」という

要件を欠くため，著作物ではない。これらは，意匠権によって保護されるべきものである。

シ．膨大な時間や費用をかけて計測したデータは，「思想又は感情」を表現したとはいえないので，著作物ではない。

セ．流行語のようなごく短い言葉や単語は，一般に著作物には該当しない。

2 (1) 公表権　(2) 同一性保持権

(3) 複製権　(4) 頒布権　(5) 展示権

(6) 翻案権

《解説》映画の著作物のみに，譲渡または貸与する権利として頒布権がある。

3 イ，オ

《解説》ア．「友人」のための録画は，「限られた範囲内での私的使用のための複製」に該当しない。

ウ．入場料を取っているので，「営利を目的としない上演等」に該当しない。

エ．「授業」でのコピーではないので，「学校その他の教育機関における複製等」には該当しない。なお，授業には，ホームルーム活動・学校行事などの特別活動も含まれるので，学校行事の合唱祭ではコピーが認められる。

オ．体育祭は特別活動であり，授業なので「学校その他の教育機関における複製等」に該当する。

4 (1) ×　(2) ×　(3) ○　(4) ×　(5) ×

《解説》(1)，(4)質的量的に本文が主で，引用文は従の関係にあることが必要である。

(2)引用する著作物の出所を明示することが必要である。

(5)引用部分は原文のまま示すことが必要である。

5 (1) ア，イ　(2) ア，ウ

(3) ア，イ，エ

《解説》ウの「改変禁止」のマークと，エの「継承」のマークは同時に組み合わせることはできない。よって，これらのライセンスの組み合わせは，

①「表示」

②「表示」と「継承」

③「表示」と「改変禁止」

④「表示」と「非営利」

⑤「表示」と「非営利」と「継承」

⑥「表示」と「非営利」と「改変禁止」

の6通りになる。

1 (1) ① 生命 ② 社会 ③ 機械
(2) ア

2 (1) 授業の過程で利用するためではないから。
(2) オリジナルの音楽や脚本を用いるか，著作権者の許諾を得る。

3 (解答例)(1)英単語は類推が容易で解読されやすい。数字や記号を組み合わせる。
(2)IPアドレスだけで個人の特定はできない。契約が成立していなければ料金を支払う義務はない。
(3)マルウェアに感染している可能性がある。最新の定義ファイルを用いてウイルスチェックを行う。
(4)相手にメールアドレスを知らせることになるため，返信せずに無視する。
(5)信頼できない共用パソコンではキーロガー等が悪意的に仕掛けられている可能性があるため，安易に個人情報を入力しない。
(6)フィッシング詐欺の可能性がある。デザインだけで判断せず，正式なサイトかを確実に確かめる。
(7)復元ツールでも復元できないように，データを完全に消去する専用のソフトを利用する。
《解説》(2)家庭などで個人がインターネットに接続したとき，プロバイダから一時的なグローバルIPアドレスが割り振られる。後日接続したときは，以前と異なるグローバルIPアドレスが割り振られるが，そのときのグローバルIPアドレスを使用しているのは，世界中で1人であるため，プロバイダのサーバの記録からそのときのグローバルIPアドレスの使用者は特定できる。しかし，プロバイダにこの記録の開示請求をしても，応えてもらえない。ただし，**警察や検察**，裁判所などの公権力が，法に抵触する行動があると判断したら，プロバイダは，接続情報を公権力に提供しなければならないため，匿名性はなくなる。
(6)一般的に銀行やクレジットカード会社などの金融機関では，メールでユーザの個人情報の問い合わせや変更を求めることはない。
(7)「ごみ箱」に入れ，「ごみ箱を空にする」処理を行っても，実データは消去されていない（本でいうと目次を破り捨てるだけである）。

4 (1) × 正当な引用の範囲を超えており，引用にはならないから。
(2) ○
(3) × 自分で演奏しても著作権の侵害となるため。
(4) × 翻訳権の侵害となるため。
《解説》(1)著作物の寄せ集めであり，利用の目的が「正当な範囲内」を超えているので引用とはいえず，複製権の侵害になる。
(3)自分で演奏した場合，著作隣接権は侵害しないが，音楽についての複製権，公衆送信権を侵害することになる。

第2章 情報デザイン

07 コミュニケーションとメディア
(p.16)

1 (1) ＳＮＳ (2) 発言 (3) 継続
(4) 円滑

2 (1) イ (2) ウ (3) ア (4) イ
(5) ア (6) ウ
《解説》(1)電子メールも即座に相手に届くが，返信の時間を考えると，電話の方が「即座に情報交換が可能」といえる。
(2)手紙と比べており，「受信者に届ける」のは電子メールのことであるとわかる。
(3)電子メールでは，本文中に頭語と結語，時候の挨拶などを使わないことも多い。
(4)電話に関する説明である。
(5)手紙に関する説明である。
(6)電子メールに関する説明である。

3 (1) ○ (2) × (3) ○ (4) ×
(5) ×
《解説》(2)検索サイトでの検索結果が最初の方に出てきたからといって，信憑性が高いとはいえない。
(3)法律改正など，のちに更新された内容の方が正しい場合がある。
(4)ブログ更新の間隔は信憑性とは関係がない。
(5)一般的に匿名より本名を用いている方が信憑性は高くなる。

4 イ，エ，カ

《解説》ア．マスメディアのことである。
ウ．必ずしもマスメディアの情報が正しいとは限らない。
オ．ただの「リテラシー」の意味で，メディアリテラシーとは無関係である。

5 (1) （a）のグラフは縦軸の目盛り幅が場所によって異なるが，（b）のグラフは均等になっている。
(2) A市の有効求人倍率が2019年に近くなるにつれて急激に改善しているような印象を受ける。
(3) 見た目の印象だけで判断せず，実際に変化している数値を確認する。

《解説》グラフを見るときには，縦軸が均等であるかを確認することが大事である。

---

08 情報デザインと表現の工夫 (p.18)

1 (1) ⑦ (2) ⑨，⑪
2 (1) ア (2) ウ (3) イ (4) エ

《解説》(1)は明朝体，(2)は行書体，(3)はポップ体，(4)はゴシック体を示している。それぞれのフォントの用途や特徴を覚えておくとよい。

3 (1) エ (2) イ (3) オ (4) ア
(5) ウ
4 (1) ○ (2) × (3) ○ (4) ×
(5) ○

《解説》(2)項目間の数値を比較するには棒グラフが適している。
(4)暖色は膨張したように，寒色は収縮したように感じさせる。

5 (1) 図形：エ 名称：b
(2) 図形：ウ 名称：c
(3) 図形：ア 名称：d
(4) 図形：イ 名称：a

《解説》ア．ベン図で集合関係を表す。
イ．樹形図で順番や組み合わせを表す。
ウ．フローチャートでプログラムの流れを表す。
エ．データフロー図で入力や出力などのデータの流れを表す。

6 (1) 字下げ（インデント） (2) 節
(3) タイトル（キャプション） (4) 図
(5) ページ番号

AD プレゼンテーション (p.20)

1 (1) ○ (2) × (3) ○ (4) ×

《解説》(2)自分の主張を相手に納得してもらうためには論文形式で記述することが大切である。
(4)書き手の主観を記述したものは感想文である。

2 ウ
3 (1) オ (2) ウ (3) エ (4) ア
(5) カ (6) イ
4 (1) ウ (2) ア (3) イ (4) オ
(5) エ
5 (1) スライドマスター (2) スライドB
(3) ア

---

09 Webページと情報デザイン (p.22)

1 (1) トップページ (2) Ｗｅｂサイト
(3) ハイパーリンク

《解説》(3)各ページへのつながりのことをハイパーリンクという。また，ハイパーテキストにより画像や外部のＷｅｂサイトなどを関連付けることをリンクという。

2 (1) 名称：ｃ 構造：ウ
(2) 名称：ａ 構造：イ
(3) 名称：ｂ 構造：ア
3 (1) エ (2) ア (3) オ (4) イ
(5) ウ
4 (1) × (2) × (3) ○ (4) ○
(5) × (6) ○

《解説》(1)文字コードやタイトルは最初に指定する。
(2)カメラで撮影した画像は，解像度（見た目の細かさ）が高く，ファイルサイズも大きいため，ネットワークの負荷を軽減するためにも，情報を伝えるために必要な最低限のサイズにしておく。
(5)ページ間で関係が深いと考えられる場合や，閲覧者が見るであろうと予想できる場合には，該当するページ間にリンクを設定した方がよい。

(p.24)

1
・個人情報保護のために友人のメールアドレスをBCCとした。
・件名を配信内容のわかりやすいものに変えた。
・サイズの大きい添付ファイルをやめて地図のサイトを参照するようにした。
・読みやすいように30字程度で改行した。
・本文の書き方を招待にふさわしい内容に変えた。
・署名を付けて発信者や連絡先がわかるようにした。（いずれか５つ）
《解説》メールを作成するときには，受信者が見やすく，わかりやすい内容にすることが大切である。

2 (1) × (2) ○ (3) ○ (4) ×
(5) ○
《解説》(1)最初にスライドマスターを準備しておき，複数が同じスライドマスターを使うことで統一感のあるスライドが作成できる。
(4)実際に聞こえていても，関心を持っているか，理解できているかなど，聴き手を意識しながら発表することが必要である。

3 (1) 理由：①，② 結論：③
(2) 尾括式（帰納型）
(3) 水不足の対策としては，降水を待つか，家庭や企業などでの節水が必要になる。なぜなら，本州では夏になると晴天が続き，水源地の降水量が不足し，さらに暑さのため，水の需要が増加して水不足が発生するからである。
《解説》頭括式は結論→理由，尾括式は理由→結論の順となる。

4 (1) ① title ② href ③ /p
④ /body ⑤ img ⑥ br
(2) yuri.html
(3) ユリの絵
(4) ＷｅｂページＡの「ユリのスケッチ」の文字の上
《解説》(2)ＷｅｂページＡ内のリンクの設定をみればよい。
(3)代替テキストのことである。
(4)リンクの動作を表している。

第３章　デジタル

10　デジタル情報の特徴

(p.26)

1 アナログ：(1), (3), (5)
　　デジタル：(2), (4), (6)

2 (1) カ (2) オ (3) ウ (4) イ
(5) ア (6) エ

3 (1) ２進法 (2) ２進数

4 (1) ① オ ② ア ③ イ ④ カ
⑤ ウ ⑥ エ ⑦ キ ⑧ コ
(2) ① 100 ② 8 ③ 2^{24}
④ 2^8(256)
(3) 10ビット
《解説》1～1,000までの数を表現するには，ビット列で異なる1,000種類の表現が必要となる。nビットで表現できる数は，2^nであるので，表現できる数を１ビットから順に考えてみると，
$2^1 = 2$種類
・・・
$2^9 = 512$種類
$2^{10} = 1,024$種類
となり，10ビットを用いることで目的である1,000種類の数を表現できることがわかる。

11　数値と文字の表現

(p.28)

1 (1) 0100 (2) 1000 (3) A
(4) 10000 (5) 10001 (6) 10
(7) 11 (8) 12 (9) 13 (10) 14

2 (1) 7 (2) 5 (3) −1 (4) −3
《解説》最左ビットが０なら正，１なら負であることから，(1)，(2)は正の数，(3)，(4)が負の数とわかる。負の数は補数表現なので，次のように求める。

```
(3)   10000        (4)   10000
    −  1111            −  1101
       0001               0011

    あるいは            あるいは

      1111 ↰反転        1101 ↰反転
      0000              0010
    +    1           +    1
      0001              0011
```

7

3 (1) 符号部 (2) 指数部 (3) 仮数部
(4) 浮動小数点 (5) −1
(6) 0111 1110$_{(2)}$ (7) 3F20 0000$_{(16)}$
《解説》
[符号部] 0
[指数部] 0111 1110$_{(2)}$
[仮数部]
010 0000 0000 0000 0000 0000$_{(2)}$
並べると，以下のようになる。
0011 1111 0010 0000 0000 0000 0000
0000$_{(2)}$
4 (1) ウ (2) カ (3) キ (4) オ
(5) エ (6) カ (7) キ (8) ア (9) イ

---

12 演算の仕組み
(p.30)

1 (1) 10 (2) 1 (3) 補数
(4) 桁上がり (5) 101 (6) 1011
(7) 011
2 (1) 1010$_{(2)}$ (2) 1011$_{(2)}$ (3) 1100$_{(2)}$
(4) 10011$_{(2)}$
3 エ
《解説》10111$_{(2)}$ を左に2ビットずらして，
1011100$_{(2)}$ にすると元の数の4倍になる。4
倍したものに元の数を加算すると，元の数の
5倍になる。
```
 1011100
+  10111
 1110011
```
4 (1) ① 11010 ② 00011$_{(2)}$
(2) ① 11000 ② 10110$_{(2)}$
(3) ① 00100 ② 01111$_{(2)}$
(4) ① 00110 ② 11010$_{(2)}$
《解説》
(1)
```
  100000        01001
−  00110      + 11010
  11010       1 00011
              桁上がりを無視
```
(2)
```
  100000        11110
−  01000      + 11000
  11000       1 10110
              桁上がりを無視
```
(3)
```
  100000        01011
−  11100      + 00100
  00100         01111
```

(4)
```
  100000        10100
−  11010      + 00110
  00110         11010
```
5 エ
《解説》問題の回路の真理値表は，次のように
なる。

A	B	X
0	0	1
0	1	1
1	0	0
1	1	1

選択肢の回路の真理値表は，以下の通り。

ア.
A	B	X
0	0	1
0	1	1
1	0	1
1	1	0

イ.
A	B	X
0	0	0
0	1	1
1	0	0
1	1	1

ウ.
A	B	X
0	0	1
0	1	0
1	0	1
1	1	1

エ.
A	B	X
0	0	1
0	1	1
1	0	0
1	1	1

---

13 音の表現
(p.32)

1 ① キ ② オ ③ ア ④ カ
⑤ ウ ⑥ イ ⑦ エ
2 (1) 2 (2) 0 (3) 2 (4) 1 (5) 3
(6) 1 (7) 10 (8) 00 (9) 10
(10) 01 (11) 11 (12) 01

《解説》量子化は，最も近い段階値を適用する。
さらにそれを2進数にすることにより，コン
ピュータで処理できるようになる。

3

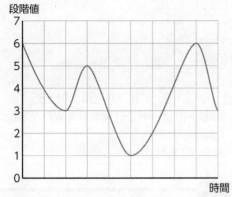

段階値 / 時間

《解説》量子化ビット数が3なので，データを3ビットずつ区切って考える。次に，この3ビットを順に10進数に直すと，6, 4, 3, 5, 3, 1, 2, 4, 6, 3となる。最後に，グラフ上にこの値の点を取り，滑らかな線で結ぶ。

4 (1) 44100 (2) 1÷44100
(3) 2^{16}=65536 (4) CD (5) ラジオ
(6) 電話

14	画像の表現

(p.34)

1 (1) 光の三原色 (2) 画素
(3) 色の三原色 (4) シアン(C)
(5) マゼンタ(M) (6) イエロー(Y)
(7) 減法混色

2 (1) ア (2) ウ (3) イ
《解説》解像度は画像を覆う「マス目」(画素)が細かいほど高い。

3 (1) 256 (2) 8 (3) 24

4 (1) 1,920,000 (2) 3
(3) 5,760,000 (4) 1,388

5 (1) ウ (2) イ (3) ア
《解説》画像のデジタル化の手順は，標本化，量子化の2段階である。標本化した際の画素の細かさのことを解像度といい，解像度が高いほど滑らかな画像になる。

6 ペイント系 (1), (4), (6)
ドロー系 (2), (3), (5)

15	コンピュータの構成と動作

(p.36)

1 (1) ウ (2) エ (3) オ (4) カ
(5) ア (6) イ

2 (1) カ (2) ア (3) イ (4) オ
(5) エ (6) ウ

3 (1)① H ② 1−H (2) 0.8
《解説》
Aの実効アクセス時間＝(15×H)＋(50×(1−H))
Bの実効アクセス時間＝(10×H)＋(70×(1−H))
それらが等しいので，
(15×H)＋(50×(1−H))＝(10×H)＋(70×(1−H))
で計算できる。

4 ① ADD A,(11) ② SUB B, (10)
③ WRITE (13), A
《解説》Aレジスタを答え用に，Bレジスタをかける数(y)用とする。3行目でAレジスタに11番地にあるxの値を加算する。この加算を1回実行したら，Bレジスタを1引くことで，xをy回加算することを実現する。4行目でBレジスタを1引き，それが0になってなければ，再び加算するために5行目のJNZ命令で3行目へ戻る。もし，Bレジスタが0になったら，JNZ命令でジャンプしないので，6行目で答えを13番地に書き込む。

16	コンピュータの性能

(p.38)

1 (1) クロック信号 (2) クロック周波数
(3) 多い (4) 速い

2 (1)① 0.6 ② 5 ③ 8
④ 2,000,000,000 ⑤ 250,000,000
⑥ 250 (2) 300
《解説》1命令当たりの平均クロック数は，
　　12×0.4＋7×0.6＝9クロック
1秒当たりに実行可能な命令数は，
　　2,700,000,000÷9＝300,000,000個
　　　　　　　　　　　＝300MIPS
となる。

3 (1) 2.5ナノ秒
《解説》2GHzのプロセッサは，1秒間に2×10^9回のクロックが発振する。1クロック当たりの時間は，次のように1秒をクロック数で割ることで求めらる。
　　1秒÷(2×10^9)回＝0.5×10^{-9}
　　　　　　　　　　　＝0.5ナノ秒
1つの命令を実行するのに5クロックが必要

なので，1命令を実行するのに必要な時間は，

0.5ナノ秒×5＝2.5ナノ秒

となる。

(2) 8億回

《解説》クロック周波数が3.2GHzということは，CPU内部で1秒間に3.2×10^9回の発振が行われることになる。このCPUが，4クロックで処理される命令を1秒間に実行できる回数は，

$$3.2 \times 10^9 \div 4 = 0.8 \times 10^9$$
$$= 800,000,000回$$

8億回となる。

4 (1) ① 誤差 ② 丸め誤差
③ A60
(2) ア

《解説》小数点以下4桁までの2進数を10進数に変換すると，0.5，0.25，0.125，0.0625のいずれかを足し合わせた数になる。つまり，選択肢に示された数が，0.5，0.25，0.125，0.0625のいずれかを足し合わせた数なら，小数点以下4桁までの2進数で表せる。
アの0.05は，足し合わせた数ではない。
イの0.125は，0.125。
ウの0.375は，0.25＋0.125。
エの0.5は，0.5。

AD	データの圧縮と効率化

(p.40)

1 ア，ウ，カ
《解説》
イ．非可逆圧縮が用いられる。
エ．可逆圧縮は，データが欠損したり改変していたりすると正しく利用できないものへ用いられる。
オ．非可逆圧縮の方が圧縮率が高いので圧縮後のファイルサイズはその分小さくなる。

2 (1) ア (2) ウ (3) イ (4) オ
(5) エ

3 (1) ① BBBWBWWBW
② B3WBW2BW
③ B6W4B5W4B6 ④ 10 ⑤ 40
(2) 圧縮率84%
《解説》全文字数は問題文の文字列から21文字。したがって

$21 \div 25 \times 100 = 84$　84%

---

4 (1) 2 (2) 40 (3) 34 (4) 85
《解説》40ビットで表現されたものが34ビットになったので

$34 \div 40 \times 100 = 85$　85%

第3章	章末問題

(p.42)

1 (1) 53 (2) 101 1110 0111$_{(2)}$
(3) 35$_{(16)}$ (4) 1111 1101$_{(2)}$

2 ① 0.1101 ② 0.111
③ 43E00000$_{(16)}$

3 (1) 0101$_{(2)}$ (2) 0010$_{(2)}$ (3) 0011$_{(2)}$
(4) 1011$_{(2)}$

《解説》

(1)
```
   0111
 + 1110
 ⎡1⎤0101
```
桁上がりを無視

(2)
```
   1101
 + 0101
 ⎡1⎤0010
```
桁上がりを無視

(3)
```
  10000        0101
-  0010      + 1110
   1110      ⎡1⎤0011
```
桁上がりを無視

(4)
```
  10000        0001
-  0110      + 1010
   1010        1011
```

4

A	B	Y
0	0	0
0	1	1
1	0	1
1	1	0

5 (1) 40000 (2) 2 (3) 80000
(4) 3600 (5) 288 (6) 0.5 (7) 2

6 (1) 1440000 (2) 3 (3) 6000
(4) 4000 (5) 72

7 イ

《解説》クロック周波数を1命令当たりの平均実行クロックで割ることで，1秒当たりに実行可能な命令の平均数を求めることができる。

ア．$2.0 \times 10^9 \div 8 = 0.25 \times 10^9 = 250\text{MIPS}$

イ．$2.5 \times 10^9 \div 8 = 0.3125 \times 10^9 = 312.5\text{MIPS}$

ウ．$3.0 \times 10^9 \div 10 = 0.3 \times 10^9 = 300\text{MIPS}$

エ．$3.5 \times 10^9 \div 14 = 0.25 \times 10^9 = 250\text{MIPS}$

1秒間に処理できる命令数が最も多いのは「イ」なので，「イ」が同一命令数のプログラムを最も短時間に処理できる。

第4章 ネットワーク

17 ネットワークとプロトコル (p.44)

1 (1) エ (2) ウ (3) オ (4) カ
(5) ア (6) イ

2 (1) オ (2) イ (3) ア (4) カ
(5) エ (6) ウ

《解説》データの処理の仕方で，集中処理((3)，(5))と分散処理((1)，(2)，(4)，(6))に分類できる。さらに，分散処理において，処理の分担の仕方でクライアントサーバシステム((1)，(2))とピアツーピアシステム((4)，(6))に分類できる。また，設置される場所に応じて，WAN((2)，(3)，(6))とLAN((1)，(4)，(5))に分類できる。

3 (1) ウ (2) ア (3) エ (4) イ
(5) オ

4 A．イ B．ウ C．エ

《解説》ネットワーク上でデータを送受信するために，各アプリケーションが，各階層に応じて通信プロトコルで決められた形式のヘッダ情報に従って各データを処理していく。インターネット上では，TCP/IPプロトコルに従って行っている。TCPはトランスポート層，IPはインターネット層のプロトコルである。実際にネットワーク上に送受信される時には，通信媒体に応じた電気信号に変換され送信される。この時の使用プロトコルは，リンク層である。

18 インターネットの仕組み (p.46)

1 (1) カ (2) ア (3) エ (4) イ
(5) ウ (6) キ (7) オ (8) コ
(9) ケ

2 ア，イ，オ

《解説》

ウ．パケット交換方式で送り出されたデータは，遅延や欠損が生じたり順番が入れ替わって到達するという問題が生じるが，これをTCPプロトコルで補っている。

エ．パケット交換方式では様々な宛先のデータを混在させ効率的に送信が行われているが，IPプロトコルによって確実な送信が行われている。

カ．どちらの方式も無線，有線で使用できる。

3 ウ

《解説》ルータは，異なる2つのネットワークを接続し，通過するパケットのIPアドレスを見てパケットを最適な経路に中継する通信装置である。

4 (1) ア (2) ウ (3) イ (4) エ

19 Webページの閲覧とメールの送受信 (p.48)

1 (1) オ (2) ア (3) エ (4) イ
(5) ウ

順序 (e)，(b)，(f)，(d)，(c)，(a)

2 イ

《解説》HTTPS(HTTP over SSL/TLS)は，SSL/TLSプロトコルという安全な接続の上でHTTP通信を行うもので，個人情報の送信や電子決済などのWebのデータ通信を安全に行うためのものである。

3 ① エ ② ア ③ イ ④ オ
⑤ ウ

4 ウ，カ

《解説》

ア．記述とは逆で，SMTPは送信，POPは受信に用いられるプロトコルである。

イ．メーリングリストは，電子メールをメーリングリスト用の特定のアドレスに送信すると，送信先リストに登録されているメンバー全員に同じ内容のメールが同時に転送される仕組みであり，受信メールには他の登録者の

メールアドレスは記述されていない。

エ．メールはメールサーバのメールボックスに一時保管される．通常，パソコンなどのメールは定期的に受信要求を行わなければ受信できない．

オ．POPはメールをサーバ上に保存しないので，メールソフトで受信すると，Webメールからは見ることができなくなっている．IMAPは受信メールをサーバ上で管理することができるので，複数のクライアントから利用する場合でも同じように受信したメールを読むことができる．

20 情報システム (p.50)

1 (1) ウ (2) エ (3) カ (4) ア
(5) オ (6) キ (7) ケ (8) ク
(9) イ

2 (1) ウ (2) イ (3) エ (4) カ
(5) ア (6) オ

3 (1) エ (2) ウ (3) イ (4) ア
(5) オ

21 情報システムを支えるデータベース (p.52)

1 (1) カ (2) オ (3) ウ (4) キ
(5) エ (6) ア (7) イ

2 ウ，オ
《解説》
ア．暗号化通信技術の役割である．
イ．OSが提供する機能の1つである．
エ．ファイルサーバなどが提供する機能である．

3 ア

4 ア，オ

22 データベースの仕組み (p.54)

1 (1) キ (2) カ (3) ク (4) エ
(5) オ (6) ア (7) ウ (8) イ

2 ウ

3 (1) 操作：ウ　名称：エ
(2) 操作：イ　名称：オ
(3) 操作：ア　名称：カ

23 個人による安全対策 (p.56)

1 (1) エ (2) イ (3) ア (4) ウ
(5) キ (6) カ (7) オ

2 (1) × (2) × (3) ○ (4) ×
(5) × (6) ○

《解説》(1)　自分の名前を使っているから．
(2)　名前と生年月日を使っているから．
(4)　英単語を使った文章になっているから．
(5)　単純な英単語を使っているから．

3 オ
《解説》
ア．パスワードに辞書に掲載されている単語を利用するのは不適切である．
イ．他の生徒会役員が共有PCからWebサービスを利用する際に，ブラウザの機能（オートコンプリート機能）でユーザIDとパスワードが自動入力されてしまう恐れがあるので不適切である．
ウ．共有PCは生徒会役員間で共有利用しているので，パスワードを誰でも見れる状態にしておくと他の生徒会役員に不正ログインされてしまう恐れがあり不適切である．
エ．パスワードを使い回すと，どこか1箇所のサービスでパスワードが漏えいした際，他のすべてのサービスにも不正アクセスの危険が発生するため不適切である．

4 イ

5 イ
《解説》通常のファイアウォールは，ネットワークの外部からの通信を制御し，内部のネットワークを守ることを目的としている．アクセスポイントに接続しようとする端末はアクセスポイントの内部ネットワークに位置することになるので，ファイアウォールによって不正アクセス・不正利用を防ぐことはできないことになる．

24 安全のための情報技術 (p.58)

1 (1)　ブラックリスト方式
(2)　ホワイトリスト方式
(3)　ホワイトリスト方式
(4)　ブラックリスト方式
(5)　ブラックリスト方式

(6) ホワイトリスト方式
(7) ブラックリスト方式
2 (1) エ (2) 1
《解説》パリティチェックでは，誤り検出時には送信側から同じデータを再送してもらうことを前提としているため，誤り訂正の機能はもっていない。

　ただし，水平パリティと垂直パリティの併用で誤り位置を特定することにより，1ビットであれば正しいデータに訂正することができる。
3 (1) ウ (2) イ (3) ア (4) エ
(5) オ
4 エ

第4章　章末問題
(p.60)

1 (1) 順序：①→⑤→②→④→③
① (g) ② (h) ③ （エ）
④ （オ） ⑤ (c)
(2) 順序：④→②→⑥→⑤→①→③
① （イ） ② (b)
③ (f) ④ (a)
⑤ （ア） ⑥ (e)
2 (1) 50×50×50＝125000通り
(2) 125000÷5000＝25秒
(3) 50×50×50＝125000倍
《解説》(1)50種類の文字から1文字を選ぶ選び方は50通りである。したがって，3文字のパスワードの1文字目を選ぶのに50通り，2文字目はその50通りに対して50通りで50×50通り，3文字目はその50×50通りに対して50通りの選び方があるので，50×50×50通りとなる。
(3)パスワードの長さを6文字にした場合，選び方の場合の数は50×50×50倍になる。したがって，解析するために必要な時間も同じだけかかる。
3 オ
《解説》電子すかしは，著作権などの侵害を防ぐために，画像ファイルに著作者名などのすかし情報も元の画像の見た目が変わらないように埋め込む技術である。
4 ウ

第5章　問題解決

25　データの収集と整理
(p.62)

1 (1) オープンデータ
(2) シミュレーション
2 (1) イ (2) ア (3) ウ
3 (1) ウ (2) イ，エ (3) ア，エ
4 (1) 2科目 (2) 5単位 (3) 2人
5 (1) 誤差 (2) ばらつき (3) 欠損値
(4) 外れ値 (5) 補完
6 (1) 59.8℃ (2) 13.7X+18.7
《解説》(1)(2)

時刻	0分後	1分後	2分後	3分後	4分後	5分後
温度[℃]	18.7	32.4	46.1	59.8	73.5	87.2
	13.7	13.7	13.7	13.7	13.7	

値の差を取ると，1分間当たりの温度上昇(傾き)が13.7で，0秒後の温度(Y切片)が18.7の直線関係になっていることがわかる。
7 (1) シミュレーション (2) 人工知能(AI)
(3) テキストマイニング
(4) 音声解析技術

26　ソフトウェアを利用したデータの処理
(p.64)

1 (1) ＝ (2) 算術演算子 (3) 絶対参照
(4) 相対参照
2 (1) ＝ (2) 引数 (3) 戻り値
(4) 半角コンマ「,」 (5) 半角コロン「:」
(6) シミュレーション
3 (1) F4：＝C4－D4　G4：＝B4*G\$1
H4：＝B4+G4　I4：＝D4*H4
(2) F5：＝C5－D5　G5：＝B5*G\$1
(3) ＝SUM(I4:I6) (4) ＝D4/C4
(5) 人参，大根，玉ねぎ
《解説》(4)販売割合のE4に「＝D4/C4」と入力してE5〜E6にコピーすると，上から0.83，0.90，0.78になる。これを高い順(降順)に並べる。
4 (1) フィルタ (2) 抽出 (3) 並べ替え
5 (1) ウ，キ (2) エ，カ (3) イ，オ
(4) ア，ク

27　統計量とデータの尺度
(p.66)

1 (1) 度数分布表　(2) ヒストグラム
(3) 最大値　(4) 最小値　(5) 最頻値
(6) 合計値　(7) 平均値　(8) 分散
(9) 標準偏差　(10) 中央値　(11) 大き
(12) 四分位数　(13) 箱ひげ図

2 (1) イ　(2) ク　(3) ア　(4) ウ
(5) オ　(6) カ　(7) エ　(8) キ
(9) コ　(10) ケ

3 ア ○　イ ×　ウ ×　エ ○

4 (1) A：量的データ　B：質的データ
(2) A：ア，ウ　B：イ，エ
(3) ア ×　イ ○　ウ ×　エ ×

《解説》(3)ア都道府県番号はおおよそ北から南の順に割り振られているが，順序に意味はなく名義尺度である。イ高度は海面を0mとする比率尺度である。ウ温度の種類は多くの場合提唱者名で区別される名義尺度であるが，それぞれの温度は0度の状態が異なる間隔尺度である。エ災害警戒レベルはそれぞれのレベルの間隔が一定ではない順序尺度である。

5 (1)

得点	10	9	8	7	6	5	4	3	2	1
度数	1	1	0	4	2	2	0	1	0	0

(2) ア 10　イ 3　ウ 7　エ 6.5
オ 7　カ 5.5

《解説》(2)平均値は合計72÷11人＝6.54…なので6.5となる。全部で11人なので中央値は下位から6番目(7)。第1四分位数は11人の25％で下位から3番目(5)と4番目(6)の間になるので平均(5.5)になる。なお，数学的に求めた場合の第1四分位数は，データ数(11)のうち中央値を除く下位5つの中央値であり，下位から3番目の5になる。

AD　データの分布と検定の考え方
(p.68)

1 (1) 母集団　(2) 母平均　(3) 母分散
(4) 標本　(5) 抽出　(6) 標本平均
(7) 標本分散

2 ア ×　イ ○　ウ ×　エ ○　オ ○

3 (1)

合計	度数
0	1
1	5
2	10
3	10
4	5
5	1

(2)

(3) $\dfrac{3}{16}$

4 (1) ア　(2) オ　(3) カ　(4) エ
(5) キ　(6) ケ　(7) コ　(8) シ
(9) ス　(10) ソ　(11) ウ
(12) セ　(13) イ　(14) サ

5 (1) 通常と同じである
(2) 両側検定　(3) 1.50
(4) 違っているとはいえない
(5) 設定より長くない
(6) 片側検定　(7) 1.80　(8) いえる

《解説》
(3) $Z=\dfrac{40.80-40.50}{\frac{0.80}{\sqrt{16}}}=1.50$ （<1.96）

(7) $t=\dfrac{20.09-20.00}{\sqrt{\frac{2.500}{1000}}}=1.80$ （>1.65）

28　時系列分析と回帰分析
(p.70)

1 (1) 時系列データ　(2) 時系列分析
(3) 予測　(4) 平滑化　(5) 移動平均法
(6) 移動中央値法　(7) 可視化

2 (1) ス　(2) イ　(3) ク　(4) キ
(5) エ　(6) サ　(7) セ　(8) コ　(9) ソ

3 (1) ○　(2) ×　(3) ×　(4) ○
(5) ×

《解説》(2)散布図では，X,Yともに値が同じデータは同じ位置に1つの点として表されるため，点の数≦データ数になる。(3)相関があっても直接的な因果関係があるとは限らない。(5)最小二乗法ではモデル関数とのYの値の差の二乗を使っているため，X軸とY軸を入れ替えると結果が異なる。

4 (1) 7日周期で感染者数が減少する日がある。　(2) 7日間
(3) ＝AVERAGE（C4:C10）
(4) 30〜35万人

《解説》(2)周期的に変動する時系列データは周期に合わせて移動平均を取るとよい。

5 (1) エ>イ>ウ>ア
(2) ア>ウ>エ>イ

AD 区間推定とクロス集計

1 (1) 区間推定 (2) 信頼度
(3) 信頼区間 (4) サンプル数
(5) 不偏分散 (6) 狭く (7) 広く

2 (1) 〇 (2) × (3) × (4) 〇
(5) 〇

《解説》(1)(2)(3)同じ信頼度なら信頼区間は分散が大きいほど広く，サンプル数が多いほど狭くなる。また，同じ母集団で信頼区間の範囲を広げるとその間に入る確率(信頼度)が高くなる。(5)サンプル数が多いほどt分布は正規分布に近づき，t値はZ値に近づく。

3 (1) 296.0 ± 2.4g (2) 62.0 ± 3.6cm

《解説》

(1) $296.0 \pm 2.0 \times \sqrt{\dfrac{72.0}{50}}$

(2) $62.0 \pm 2.0 \times \sqrt{\dfrac{162}{50}}$

4 (1) クロス集計 (2) 期待度数
(3) 実測度数 (4) カイ二乗検定

5 (1)

	A	B	C	D	合計
男	0	5	7	2	14
女	6	4	3	3	16
合計	6	9	10	5	30

(2) C (3) A

6 (1)

	20～39歳	40～59歳	60歳以上
海外旅行	ア 4.8	イ 8.0	ウ 7.2
国内旅行	エ 7.2	オ 12.0	カ 10.8

(2) 2 (3) いえる (4) ア，エ

《解説》(1)横計が海外：国内=20:30，縦計が20～39歳:40～59歳:60歳以上=12:20:18

なので，アは合計 $50 \times \dfrac{20}{50} \times \dfrac{12}{50} = 4.8$ 他も同様。

(2) $(2行-1) \times (3列-1) = 2$

(3)χ^2値が臨界値を超えているので有意性がある

29 モデル化とシミュレーション

1 (1) コ (2) キ (3) シ (4) エ
(5) ウ (6) ア (7) イ (8) カ
(9) ケ (10) ク (11) サ (12) オ

2 (1) =INT(RAND()*2)
(2) =INT(RAND()*6)+1

《解説》(1)0と1の二択の場合はRAND()*2とする。=INT(RAND()+0.5)とする方法もある。(2)0から始まらない1～6の六択ではRAND()*6に+1することに注意する。

3 (1) B7：=B6+B$3 C6：=C$3
(2) ア：B8 イ：B$3
(3) 速さ：エ 進んだ距離：ウ

4 (1) ア 0.9 イ 0.1 ウ 10 エ 9
(2) M3： =SUM(C3:L3)
(=COUNTIF(C3:L3,1) も可)
P3： =COUNTIF(M$3:M$52,O3)
(3) 0.30

《解説》(1)ウエ RAND()*10/9とすることで，結果が1を超える確率が1/10になる。

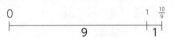

(2)0と1の中から1のみをカウントする場合はSUM関数を使うと効率がよい。

(3)$\dfrac{12+3}{50} = 0.30$

AD 確定的モデルのシミュレーション

1 (1) ② b ③ c ⑤ f ⑦ e
⑧ a ⑨ d
(2) A ②-①=③ B ③×④=⑤
C ⑤×⑥=⑦ D ⑦÷⑧=⑨
E ①+⑨=⑩
(3) A =C$3-C6 B =E$3*D6
C =F6/G$3 D =C6+G6
(4) ア

2 (1) n-1 (2) n
(3)ア =C4-1 イ =D5+C6
(4) 15個 (5) =IF(C4>0,C4-1,0)
(6) ウ

3 (1) ア a イ b ウ e エ d
オ c カ f キ g ク h

(2) 16時間

(3) A 3時間　B 1時間　C 2時間

《解説》(1)前作業が2つあるfとhが④⑥周辺だから，共通するカがfであることがわかる。(2)(3)完成した次の図はアローダイヤグラムと呼ばれる。①から⑦までの最長ルートは①→③→④→⑥→⑦の16時間で，①→②→④には2時間，③→⑤→⑥には1時間の待ち時間があるため遅れによる影響が少ない。

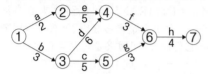

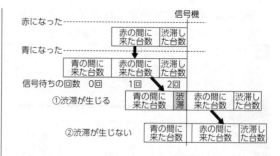

AD　確率的モデルのシミュレーション
(p.78)

1 (1) ＝INT(RAND()*2)
（ ＝INT(RAND()＋0.5)　も可）

(2) ＝SUM(C3:G3)

(3) ＝COUNT(H3:H52)

(4) ＝COUNTIF(H3:H52,">=3")

(5) 期待値　(6) ア 32　イ 1　ウ 5
エ 10　オ 0.50

2 (1)モンテカルロ法

(2)C3： ＝RAND()*2－1

I2：　＝SUM(F3:F102)/100

I3：　＝I2*4

《解説》(2)C3：RAND()*2は0～2の乱数なのでRAND()*2－1で－1～1の乱数を表現できる。I3：円の面積は，円内に入る確率×正方形の面積(2×2＝4)になる。

3 (1)① ウ ② ア ③ イ ④ エ

(2)ア　H$3+1　　イ　F3+C4
ウ　D4+E4－I$3　エ　D4:D33　オ　I$3

《解説》(2)ア　0を含む0～H$3(20)の乱数なのでRAND()*(H$3+1)になる。

エオ　次に信号が赤になった時，前回渋滞した車と赤の間に来た車が通過できれば渋滞は発生しない。つまり，渋滞が発生するのは青に変わった時に並んでいた台数＞青の間に通過できる台数のとき。

第5章　章末問題
(p.80)

1 (1) オ, A　(2) ウ, B　(3) イ, E
(4) ア, D　(5) エ, C

2 (1) ウ　(2) ア　(3) カ

3 (1) エ

(2) 81万台　(3) 約75万人

《解説》(2)(3)作成した散布図から回帰直線を描くと，ほぼy=0.60xの正比例関係になる。よって，(2)0.60×135＝81 (3)45÷0.60＝75

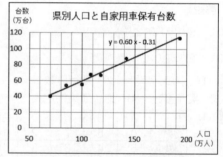

4 (1) A ①－②＝③　　B ③×④＝⑤
(2) a ＝C3－D3　b ＝E3*F3　c ＝D3
(3) 3日目　(4) 2400

《解説》(3)(4)次のシミュレーションの通り。

日数	①草の量	②牛が1日に食べる草の量	③残った草の量	④草の1日の増加倍率
1	1000	400	600	1.2
2	720	400	320	1.2
3	384	400	－16	1.2

日数	①草の量	②牛が1日に食べる草の量	③残った草の量	④草の1日の増加倍率
1	2400	400	2000	1.2
2	2400	400	2000	1.2
3	2400	400	2000	1.2

(4)は，（①－②）×④＝①になる①を求める。

第6章 プログラミング

30 アルゴリズムとプログラミング
(p.82)

1 (1) キ (2) ア (3) カ (4) オ
(5) ウ (6) イ

2 (1) テキストプログラミング言語
(2) ビジュアルプログラミング言語
(3) コンパイラ型言語
(4) インタプリタ型言語(スクリプト)
(5) クライアントサイド型言語
(6) サーバサイド型言語

3 (1) オ (2) イ (3) エ (4) ア
(5) カ (6) ウ A No B Yes
《解説》洗濯機に入れる前に洗濯表示を確認し,
手洗いマークか洗濯禁止マークがない時には
洗濯機にその洗濯物を入れる。この操作を,
1つずつの洗濯物に対して繰り返し行う。す
べての洗濯物について行った後に,洗濯を開
始する。

4 (1) イ (2) ウ (3) ア
《解説》(1)構文エラーは,文法上のミスによっ
て生じているので,文法上のミスを修正する。
(2)実行時エラーは,実行できない処理のため
にプログラムが停止するので,実行できない
処理をしないように修正する。(3)論理エラー
は正しい結果が得られないものであるため,
その原因を見つけて修正する。

31 プログラミングの基本
(p.84)

1 順次構造 フローチャート イ
プログラムの記述方法 b
選択構造 フローチャート ウ
プログラムの記述方法 a
反復構造 フローチャート ア
プログラムの記述方法 c

2 ア var イ Number ウ if
エ a%2==0 オ else
《解説》アでは変数aを宣言するのでvarが入
る。promptで受け取ったデータは文字列型
であるため,計算できない。それを計算でき
るように数値に変換するため,イはNumber
が入る。ウ,エで偶数である場合の条件を判

定する。偶数はaを2で割った余りが0と等
しいことにより判断する。この条件にあたる
エは,a%2==0と記述する。エの条件が偽
である場合にalert(a + 'は奇数です')を実
行することから,オにはelseが入る。

3 ア 5 イ > ウ i−1
《解説》プログラム3行目でiの値を表示する。
それより前の行でiの値を代入している箇所
はアの値だけなので,アには最初に表示する
5が入る。次に表示する値は1ずつ減らすの
で,ウではその処理をi−1で行う。iの値の
表示とiの値を1減らす処理を繰り返すのは,
iが0より大きい時になるので,イには>が
入る。

4 ア 0 イ <= ウ i%3 エ s+i
オ 0 カ 3 キ <= ク i+3
ケ s+i
《解説》和sの初期値を0にするため,アは0
になる。反復構造を繰り返す条件はiの値が
99以下(iの値が100未満)であることをイに
記述する。ウではiの値が3で割った時の余
りが0である場合に和を求める処理を行う条
件を記述し,エではsにiの値を足す処理を
する。オはアと同様に和の初期値を0にする。
カは最小の3の倍数である3からiを始める
ようにし,クでiの値を3ずつ増やし,キでi
の値が99まで繰り返す処理を行う条件を記
述する。ケではエと同様に和を求める処理を
行う。

32 配列
(p.86)

1 ア 29 イ 17 ウ 22 エ 21
《解説》配列の添字を指定することで,要素へ
の値の代入や参照ができる。この時,添字は
0から始まることに注意が必要である。イで
は,a.pushを使うたびに,a[0],a[1],…
と添字が1ずつ大きくなって代入される。エ
の2行目の右辺では,a[1]を参照して
11+10が計算され,左辺のa[1]に改めて代
入される。

2 ア 2 イ i++ ウ 4 エ j++
オ a[i] [j]
《解説》配列からすべての要素を1つずつ参照
するには反復構造を用いる。このとき,for
文の条件にあたるアはi<=1ともできるが,

添字が0から始まることを考慮して、「i＜要素数」とした方がプログラムをわかりやすく書くことができる。オではa[0][0]='A'，a[0][1]='B'，a[1][0]='E'となっていることから添字の文字の順番をa[i][j]とする。

3 ア 5 イ kokugo + a[i][0]
ウ sugaku + a[i][1]
エ eigo + a[i][2]
《解説》二次元配列から要素を参照する時に、必ずしもfor文を入れ子にする必要はない。国語の得点はa[i][0]のように後ろの添字がすべて0になっていることを用いて参照できる。数学の得点、英語の得点も同様に参照できる。

4 ア prompt イ split ウ a.length
エ max オ max=Number(a[i])
《解説》プログラムの3行目max=a[0];によりa[0]までの最大値がmaxに代入される。エでmaxとa[i]を比較することにより、a[i-1]までの最大値とa[i]との比較となる。ここで、max＜a[i]が真となる場合は、a[i]までの最大値がa[i]の場合になるので、オではmaxにa[i]を代入する。

---

34 **33 関数** (p.88)

1 ア tate * yoko イ return
① 15 ② 28
《解説》アでは面積を計算する処理を行う。イでは計算した面積を戻り値として呼び出す側に戻す。①で関数areaを呼び出した時、関数areaの仮引数はtateには5，yokoには3が引き渡される。

2 ア ＜ イ ＜ ウ else
《解説》アで仮引数hourの値が11未満が条件になる。また、4行目の文がelse ifとなっているので、アに当てはまらないhourの値が11以上に対してイの条件が判断される。このため、11＜=hour && hour＜18としなくてもよい。ウについても同様である。関数にはreturn文がなく、戻り値なしの関数となっている。

3 ア n イ n ウ '■' エ '＜br＞'
《解説》描画する図形が縦と横の2方向をもっているので、for文を入れ子にする。反復する回数は、縦方向、横方向いずれも仮引数で

引き渡されたn個ずつ描画する。変数iの初期値が0となっていることから、アはnとなる。横方向を描画した後に改行が必要であり、エは'＜br＞'となる。

4 ア n イ ＜= ウ '■' エ '＜br＞'
《解説》外側のfor文は図形の縦方向の個数になり、変数iの初期値が0であることからアはnとなる。内側のfor文は図形の横方向の個数になる。i=0の時にはj=0，i=1の時にはj=0,1，i=2の時にはj=0,1,2として■を描画すればよいので、反復の条件での比較演算子となるイには＜=が当てはまる。

5 ① 4 ② 6 ③ 2
《解説》①は仮引数として引き渡された値が表示される。②の前の行でローカル変数としてxを宣言していることから、このローカル変数の値が表示される。③は関数の外側であり、グローバル変数の値が表示される。

---

34 **探索のプログラム** (p.90)

1 ア i++ イ a[i]
《解説》線形探索は端から順に1つずつ比較して探索値を探すアルゴリズムである。添字を1ずつ増やして探索するため、アはi++となる。a[i]の値が探索値と同じ値になった時に探索値を見つけられたので、イはa[i]となる。

2 ア 1 イ 23 ウ 2 エ 31 オ 3
カ 48 キ 4 ク 52 ケ 5 コ 65
サ シ
《解説》線形探索のプログラムでは、添字の値を最初の0から1ずつ増やして探索値になっているか調べる。

3 ア n−1 イ while ウ ＜=
エ (i+j)/2 オ a[m] カ j=m−1
キ i=m+1
《解説》二分探索の最初の探索範囲は添字が0から要素数−1になることから、アはn−1である。探索値が見つかる可能性がある間、範囲を示す変数i,jの関係はi＜=jが真となっている。これより、イはwhile、ウは＜=となる。エでは、探索範囲を半分にする添字を求める。オは探索値が見つかることが条件になる。カは探索範囲の中央mよりも探索値が小さい場合の処理であり、この場合は探索

範囲の上限をm−1に変化させる。キは探索範囲の中央よりも探索値が大きい場合の処理であり、この場合は探索範囲の下限をm+1に変化させる。

4 ア 5 イ 8 ウ 6 エ 79 オ 5
カ 5 キ 5 ク 65 ケ ー コ ー
サ ー シ ー

《解説》二分探索のプログラムでは、下限の添字iと上限の添字j、範囲の中央の添字mを用いて、探索範囲を半分ずつに狭めながら探索値になっているか調べる。

5 ア 50.5 イ 100 ウ 6 エ 7

《解説》線形探索では、平均探索回数は$(n+1)/2$、最大探索回数はnである。また、二分探索では、平均探索回数は$[\log_2 n]$、最大探索回数は$[\log_2 n]+1$である。$2^6<100<2^7$であることから、$6<\log_2 100<7$となり、$[\log_2 100]=6$である。

---

35 整列のプログラム (p.92)

1 ㋐ 16 ㋑ 49 ㋒ 36 ㋓ 25
㋔ 49 ㋕ 16 ㋖ 36 ㋗ 25
㋘ 49 ㋙ 16 ㋚ 36 ㋛ 25
㋜ 49 ㋝ 16 ㋞ 36 ㋟ 25
㋠ 49 ㋡ 36 ㋢ 16 ㋣ 25
㋤ 49 ㋥ 36 ㋦ 16 ㋧ 25

《解説》交換法は、a[j]とa[j+1]の値を比較して、順序が正しくない場合に値を入れ替える方法である。ここでは、降順に並べ替えるので、a[j]<a[j+1]の場合に値を入れ替える。

2 ㋐ 49 ㋑ 16 ㋒ 36 ㋓ 25
㋔ 49 ㋕ 16 ㋖ 36 ㋗ 25
㋘ 49 ㋙ 16 ㋚ 36 ㋛ 25
㋜ 49 ㋝ 36 ㋞ 16 ㋟ 25
㋠ 49 ㋡ 36 ㋢ 16 ㋣ 25
㋤ 49 ㋥ 36 ㋦ 16 ㋧ 25

《解説》選択法は、a[i]とa[j]の値を比較して、順序が正しくない場合に値を入れ替えることによりa[i]に最大値(最小値)が選択される方法である。ここでは、降順に並べ替えるので、a[i]<a[j]の場合に値を入れ替える。

3 ア n−1 イ i−1 ウ j--
エ a[j+1] オ a[j+1] カ temp

《解説》交換法では、交換を繰り返すことによって、a[0]、a[1]、…a[要素数−2](要素数−1番目)の順に値を確定させる。このこ

とからアはn−1となる。a[i]を確定させるためには、隣り合う2個の要素を比較して、大きい値を後ろから前に向かって送ればよい。この比較はa[j]とa[j+1]であり、j←n−2、n−1、…、iと繰り返せばよいので、イ、ウが決まる。値を交換するのは、a[j]<a[j+1]の時であることから、この条件よりエはa[j+1]となる。

4 ア n−1 イ n ウ j++ エ a[j]
オ a[j] カ temp

《解説》選択法では、確定していない要素のうち最大のものを見つけ、a[0]、a[1]、…a[要素数−2](要素数−1番目)の順に値を確定させる。このことからアはn−1となる。a[i]を確定させるためには、a[i]の値と確定していない要素とを比較して、大きい値がa[i]となるように入れ替えればよい。この比較はa[i]とa[j]との比較であり、j←i+1、i+2、…、n−1と繰り返せばよいので、イ、ウが決まる。値を交換するのは、a[j]<a[j]の時であることから、この条件よりエはa[j]となる。

AD オブジェクト指向プログラミング (p.94)

1 ① イ ② ア ③ ウ

《解説》Math.PIは組み込みプロパティである。new Date()は組み込みクラスをインスタンス化する。Math.floor, Math.random, alertはいずれも組み込みクラスのメソッドである。

2 ア constructor イ get ウ set
① 弁当の値段は400円です
② お茶の値段は150円です
③ 弁当の値段は280円です ④ 130

《解説》①、②はコンストラクタにより生成されたオブジェクトに対し、それぞれhyoujiメソッドを実行して表示する。③は、nebikiメソッドにより30%値引きされた値段を表示する。セッタメソッドを用いてocha.nedan=130と設定された値を、ゲッタメソッドを用いて表示する。

AD プログラムの設計手法 (p.96)

1 ア ② イ ⑤ ウ ① エ ④

オ　①　カ　③　キ　②　ク　⑥
ケ　①　コ　③　サ　②　シ　⑥
《解説》状態遷移図に対応する状態遷移表の該当箇所を見つけ、イベントと状態を選べばよい。

2　ア　'計測中'　イ　'一時停止中'
ウ　'待機中'　エ　0
オ　's'　カ　'r'
《解説》関数startはスタート・ストップボタンが押された時に呼び出される。変数stateは状態を表すので、待機中および一時停止中であるアでは、状態を計測中とする。状態が計測中のイでは、状態を一時停止中とする。関数resetはリセットボタンが押された時に呼び出される。状態が一時停止中の場合には、状態を待機中に変更し、秒数を0にする処理をウ、エで行う。オはスタート・ストップボタンが押された場合にあたる's'、カはリセットボタンが押された場合にあたる'r'である。

AD　オープンデータの活用
(p.98)

1　ア　split('¥r¥n')　イ　lines[i].split(',')
ウ　a[0]　エ　a[2]
《解説》CSVファイルのそれぞれの行末には改行コードがあるので、アでは「¥r¥n」を区切り文字として行ごとに分割する。また、それぞれの値はカンマで区切られているので、イでは「,」を区切り文字として分割する。それにより、日時はa[0]、気温はa[1]、降水量はa[2]にそれぞれ代入される。

2　ア　a['名前']　イ　a['コメント']
ウ　comments　エ　key　オ　a[key]
《解説》連想配列のバリューにさらに連想配列を与えることができる。キーを用いてバリューを取り出すには、a['名前']のようにする。a['コメント']によって取り出されたcommentsは連想配列になるので、for文によりキーを1つずつ取り出してバリューを参照することができる。

3　ア　a.length　イ　a[i]['名前']
ウ　a[i]['コメント']　エ　comments
オ　key　カ　a[key]
《解説》二次元連想配列aに対し、a.lengthにより要素数を得ることができる。また、添字

とキーを用いてa[添字][キー]とすれば、バリューを参照することができる。a[0]['名前']により'山本花子'を参照することができる。さらにa[0]['コメント']['10/01']により、「今週末に会えますか？」を参照することができる。

AD　プログラムによる動的シミュレーション
(p.100)

1　ア　v　イ　v　ウ　x＋v　エ　arc
オ　getElementById　カ　getContext
キ　setInterval
《解説》条件x＋v＋10＞500は次に描画する図形のx座標と半径を考えた時に円が画面の右端より外に出てしまう場合にあたる。この場合、左向きに動くよう、速度vをマイナス15にすればよいので、アはv＝－15となる。イは左端についての処理になる。ウは移動後のx座標を求める処理になる。JavaScriptでは大文字と小文字を区別するため、メソッド名に用いられているgetElementById、getContext、setIntervalは大文字になっている文字に注意が必要である。

2　ア　Math.cos　イ　degrees
ウ　Math.sin　エ　degrees　オ　g＊dt
カ　vx0＊dt　キ　(v1＋v2)／2.0＊dt
ク　t＋dt
《解説》数式モデルがわかれば、プログラム言語の文法に合わせて記述すればよい。その際に、数式モデルでは「×」が省略されているので、掛け算の時には「＊」を忘れないように注意が必要である。

AD　計測・制御とプログラミング
(p.102)

1　ア　アナログ出力　イ　デジタル入力
ウ　アナログ入力　エ　デジタル出力
《解説》コンピュータに信号が入る場合を入力、コンピュータから信号が出る場合が出力となる。これらの信号が二値の整数として扱われる場合がデジタル、一定の範囲の整数のデータとなる場合がアナログになる。

2　ア　0.7　イ　217　ウ　30　エ　0.9
オ　50　カ　341
《解説》ア　V＝0.01×10＋0.6＝0.7

イ　D=1023V/3.3=1023×0.7/3.3=217
ウ　t=330×279/1023−60＝30
エ　V=3.3×279/1023=0.9
オ　t=100V−60=100×1.1−60=50
カ　D=1023×1.1/3.3＝341

3 ア ⑤ イ ③ ウ ⑧ エ ② オ ⑧
カ ②
Ⓐ　val＜18
《解説》計測・制御を行う関数にはアナログ入力ポートを読み取るanalogReadとアナログ出力ポートに出力するanalogWrite，デジタル入力ポートを読み取るdigitalRead，デジタル出力ポートに出力するdigitalWriteがある。データがアナログかデジタルかを区別し，入力か出力かを区別すれば用いる関数がわかる。また，引数となるポートはP2がアナログ入力ポート，P0がデジタル出力ポートである。

第6章　章末問題

1 (1)　A 2　B No　C Yes　D b
(2)　ア 2　イ a　ウ a%i
エ　素数でない
《解説》変数aが「素数である」と変数bに仮定の値を代入しておく。素数は1と自分自身だけを約数にもつ。素数でない数の場合，2からa−1に約数をもち，いずれかの値で割り切れる。割り算をして余りが0になれば割り切れたことになり，その場合には変数bを「素数でない」と値を更新する。一度も更新されなければ素数である。

2 ア while　イ s+a[i]　ウ i+1
修正方法　⑧の行の前に追加
《解説》反復する条件を定め，初期設定や再設定を別の命令で行う場合，while文を用いる。最後の行で，変数iは添字，変数sは合計を表していることがわかり，イは和を求める式，ウは添字の再設定を行う式とすればよい。
誤った結果が出力されるのは，whileのループを抜けた後の添字は求める範囲よりも1だけ大きくなっているためである。そのことから，結果を表示する前に1だけ引いておくことで修正できる。

3 (1)　Ⓐ 1　Ⓑ 2　Ⓒ 8
(2)　ア 0　イ temp

《解説》引数を0，1，2，3，4，5，6，7，8とした場合，関数fの戻り値は0，1，1，2，3，5，8，13，21である。この値を求めるには，再帰的に関数の呼び出しをたどるよりも，f(0)，f(1)，…，f(8)を順に求め，すでに求まっている値を用いて計算すると早く求められる。このように，より簡単な問題に分割してすでに求まっている計算結果を記録して再利用する方法を動的計画法という。(2)でアを求めるにはf2(0)の戻り値が0となることを用いて考える。仮引数nは0が引き渡されfor文の処理が一度も行われないことから，アは0である。(1)のプログラム中の☆印の行で2つの戻り値の和が戻り値になっており，イの行では☆印の行と似た処理をする必要があることを考えると，a+tempとなる。これで正しいことは，f2(0)，f2(1)，…に対して適用すると確かめられる。

4 ア 1　イ 3　ウ 2　エ 2　オ 5
カ 1　キ 9　ク 4
《解説》線形探索は先頭から見つかるまでのデータの個数を数えることで探索回数が求められる。二分探索の探索回数を調べるには，探索範囲の下限と上限，それらから求められる中央を表す添字を記録しながら調べることで求められる。

1 （生命情報の例）「うれしい」という感情，空腹感，遺伝情報，等

（社会情報の例）意味の理解できる言葉，数字，ピクトグラム，等

（機械情報の例）意味の理解できない文字や記号の羅列，等

2 （交通の例）道路区間ごとに急ブレーキ・急ハンドルの発生状況や制限速度の超過の割合，事故発生頻度などをビッグデータとして記録し，現在の道路状況を加味した自動安全運転を実現することによって，交通事故発生件数がほぼゼロにまで低下する。

（防災の例1）都市部における人の流れをビッグデータとして記録し，大地震等の災害発生時にAIを用いて効果的な避難誘導を行う。

（防災の例2）山間部の地形を三次元スキャナーで読み取り，降雨の情報等からAIを用いた土砂災害の発生予測を行って，住民を効果的に避難させる。

（教育の例）生徒一人一人がネットワークに接続されたICT機器を用いて学習を行い，個人の学習履歴がスタディ・ログとして蓄積される。個別最適化した学習が実現されるとともに，オンラインで他国の生徒と協働プロジェクト学習を行う。AIによる翻訳アシストを受けながら，発表・議論が行われる。

3 （例1）**事件の概要**：通販サイト「カメラのキタムラネットショップ」が外部から不正アクセスを受けた（2020/06）。

被害状況：顧客の氏名，住所，生年月日，電話番号，注文履歴等の個人情報約40万件が閲覧された可能性。

原因：第三者が外部から取得したID・パスワードに基づいて不正アクセスした。

（例2）**事件の概要**：神奈川県庁の行政文書が保存されたハードディスクが転売され，個人情報が流出（2019/12）。

被害状況：納税記録や各種通知等，膨大な数の公文書が流出した。

原因：データの消去から廃棄までを請け負った業者の社員が転売した。

4 （特許権の例1）アイス「雪見だいふく」の製品・製造方法（特許第4315607号／特許権者：株式会社ロッテ）

（特許権の例2）消せるボールペン「フリクションボール」のインク（特許第4575789号／特許権者：パイロットインキ株式会社）

（実用新案権の例）朱肉のいらないシヤチハタのスプリング式ハンコ「Xスタンパー」（実用新案登録第1120473号／満了）

（意匠権の例）片手鍋（意匠登録第1080893号／創作者：柳宗理，意匠権者：佐藤商事株式会社）

（商標権の例1）「LION」（商標登録第3277239号／商標権者：ライオン株式会社）

（商標権の例2）「NO17」（商標登録第2419294号／商標権者：ライオン株式会社）

《解説》特許情報プラットフォームでは，キーワードや図形等の分類を用いて商標を検索することができる。

5 （例1）**事件の概要**：ゲームソフトウェアを無断で複製し，インターネットオークションで販売した（2019/11）。

侵害されていた権利の例：複製権（第21条）

（例2）**事件の概要**：ファイル共有ソフト「Share」を用いて，地図ソフト，漫画作品等を無断でアップロードし，送信できる状態にした（2020/07）。

侵害されていた権利の例：公衆送信権（第23条）

1 ①（解答例）

［導入］（1）分

　地球温暖化について興味をもってもらうため，温暖化が原因による現象やグラフを用いて進行状況を説明する。

［展開］（2）分

　地球温暖化の原因についても触れ，組織ですでに行われている取り組みや，個人でこれからでも取り組める対策を調べ，グループ内で考えた対策案を紹介する。

［まとめ］（1）分

　キャッチフレーズを掲げ，これからも地球温暖化に対する興味をもってもらい，温暖化防止の必要性を理解してもらう。

　②（解答例）

1コマ目

> 地球温暖化が原因で
> 生じる現象を箇条書き。

説明文：干ばつや大雨などの異常気象の発生，高緯度の動植物の減少などを説明。

2コマ目

> 地球温暖化を
> 示すグラフ。

説明文：地球全体のCO_2濃度や平均気温平年差をグラフで示す。平均気温平年差は，平均気温ではなく平年との差を用いた統計的手法である。

3コマ目

> グループ内で考えた
> 対策案を箇条書き。

説明文：電気のスイッチはこまめに消すなど，身近で実践できる項目を中心に説明。

4コマ目

> 地球温暖化の防止に対する
> キャッチフレーズ。

説明文：これからは地球温暖化防止に興味をもち，自分たちも対策を実践する。

③省略

④省略

⑤（解答例）

Aグループ　内容：A，構成：A，発表：S
Bグループ　内容：A，構成：S，発表：A
Cグループ　内容：B，構成：A，発表：A

《解説》作品の制作にあたっては，テーマやタイトルを設定し，グループ全員で構成を練る段階と絵コンテを描く段階で十分に時間を割く。また，プレゼンテーションソフトウェアの利用は，スライドマスターなどを用いてグループでデザインを統一してから各自でスライドを制作する。

また，評価にB（2点）やC（1点）の項目があった場合は，問題点や改善点を洗い出し，企画や制作などの前段階にフィードバックして次回に向けた改善を行う。

2 ①（解答例）

テーマ：山海町の魅力を多方面から紹介する。

タイトル：わたしたちの山海町

掲載する情報の内容：山海町の自然と産業，祭りについて取り上げる。

②（解答例）

Webページのデザイン：

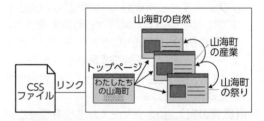

《解説》すべてのWebページはメニューからリンクを張るとわかりやすいが，関係が深いページどうしはそれぞれリンクを張ってもよい。

③省略

《解説》役場や地元住民に問い合わせた際，得られた情報をWebページに掲載してもよいかを確認する。インタビューなど，顔写真や施設などを撮影・掲載する場合には本人や施設管理者に掲載してもよいか確認する。

動画や写真はWebページに掲載する際にスムーズに視聴できるよう，ファイル容量が大きい場合には圧縮して小さくする。

④省略

《解説》CSSファイルを作成しリンクを設定した後に，試験的に背景色を変更するなど正しくリンクが設定できているかどうかを確認する。

第3章　実習問題

(p.110)

1 省略

2 例．800×600画素のフルカラー画像の

場合

(1) 1407 (2) 966 (3) 185 (4) 208

(5) 68.6 (6) 13.1 (7) 14.8

(8) ◎ (9) ◎ (10) △ (11) ○

3 (2) ①FALSE ②FALSE ③FALSE

4 省略

第5章 実習問題

(p.112)

1 (1) F2： =COUNT（C3:C102）

F3： =AVERAGE（C3:C102）

F4： =MAX（C3:C102）

F5： =MIN（C3:C102）

F6： =STDEV.P（C3:C102）

(2) ア C\$3:C\$102 イ H3

(3) ヒストグラム (4) 正規分布

(5) 37.9℃

《解説》(5)Z値を求める式から

$$\frac{x-35.3}{1.27}=2.05 \quad x=37.90\cdots$$

2 (1) ア C\$3 イ D\$4 ウ \$D7:\$AG7

(2) 3.33 (3) 偏りがあるといえる

(4) =AJ4/\$AM4 (5) グー

(6) パー → チョキ → パー

第6章 実習問題

(p.114)

1 省略

2 最大値 4.4 第3四分位数 3.7

中央値 3.4 第1四分位数 3.2

最小値 2.3

3 問題中に掲載

1 (1) ① 生命 ② 社会 ③ 機械
(2) ア ② イ ③ ウ ①
(3) デジタル情報は離散的な量を扱うのに対し，アナログ情報は連続的な量を扱う。
(4) 36701日後
《解説》1文字は2Bなので，400字詰めの原稿用紙25枚分書くと，1日に400×25×2＝20000Bの文字を書くことになる。ところで，700MBは700×2^{10}×2^{10}Bだから，これを1日分の20000Bで割ると，(700×2^{10}×2^{10})÷20000＝36700.16より，36701日後となる。
(5) (例)相手が確実に理解できる表現でわかりやすく書く，など。
《解説》できるだけ正確に意味や意図を伝えてコミュニケーションを成り立たせる役割をもつメディアを「成果メディア」という。(教科書p.24参照)

2 ① 特許権 ② 独占的 ③ 特許庁
④ 一定の期間 ⑤ 登録商標 ⑥ 商標権
《解説》特許権は，発明した人に与えられる独占的権利で，特許庁に申請して認められると出願から20年間保護される。商標権は，登録から10年間保護される。

3 ① 信憑性 ② 情報操作 ③ 更新日時

4 (1) ① 縦 ② 50 ③ 10 ④ 増加
⑤ 接近 (2) メディアリテラシー
《解説》マスメディア等の情報の真偽を正しく判断する能力に加え，さまざまなメディアを活用して効果的な形態で表現する能力をメディアリテラシーという。(教科書p.25参照)

5 (1) A (2) F (3) 10 (4) 3
(5) 4

6
(1)

A	B	Y
0	0	0
0	1	1
1	0	1
1	1	0

(2) ウ

7 ア ⑦ イ ⑤ ウ ① エ ⑨ オ ⑦
カ ④ キ ⑥ ク ⑤ ケ ① コ ②
サ ⑤
《解説》ウ：時系列による数量の変化を表す場合には折れ線グラフが適している。

オ：他人の著作権を利用する場合には，例外規定に当てはまらない場合を除いて，利用許諾を得る必要がある。
キ：利用する権限のないコンピュータやネットワークに入り込むことを不正アクセスまたは不正侵入という。
サ：不正アクセス行為は，サイバー犯罪の一種で，不正アクセス禁止法違反に該当する。

8 ア ⑨ イ ⑩ ウ ⑦ エ ② オ ④
(エ，オは順不同)
《解説》イ：ドメイン名とIPアドレスの変換にはDNSサーバを利用する。
ウ：情報受信の際に，必要な情報のみを選別する方法をコンテンツフィルタリング，または単にフィルタリングという。フィルタリングには，不適切なWebページのリストを作成し，それを閲覧できなくするブラックリスト方式や，有益なWebページのリストを作成し，それだけが閲覧できるホワイトリスト方式などがある。
エ・オ：不正アクセスとは，利用する権限のないコンピュータやネットワークに入り込むことをいう。

9 ア ② イ ③ ウ ⑥ エ ⑥ オ ②
カ ⑧ キ ③ ク ② ケ b) コ 500
《解説》ア：ブレーンストーミングを行う時には，他人のアイディアを批判しない，奇抜な考えやユニークなアイディアを重視する，さまざまな角度からのあらゆるアイディアを歓迎する，別々のアイディアを結合したり，他人のアイディアを変化させたりして，新たなアイディアを生み出す，などの約束事を守るようにする。
カ：レーダーチャートは，複数のデータ系列の成分を比較する時に利用する。系列間のバランスがよいと正多角形に近くなり，数値が高いと面積が広くなる。
コ：ファイルの転送時間[s]
＝データ量[bit]÷転送速度[bps]
にあてはめて考えてみる。
データ量＝35[MB]は，
1[MB]＝1000[kB]より35000[kB]。
1[B]＝8[bit]より，
35000×8＝280000[kbit]。
よって，ファイルの転送時間[s]
＝280000[kbit]÷560[kbps]
＝500[秒]

10 ア a) イ ① ウ ⑥ エ ⑤
《解説》ア：プロトコルは，通信規約ともいわれる。

11 (1) ① 0 ② 6 ③ 1
(2)

	[0]	[1]	[2]	[3]	[4]	[5]	[6]	[7]	[8]	[9]
rank	6	6	5	4	1	10	1	3	6	9

(3) 100回
《解説》1人分の順位を決めるのに全員と比較を行うので，1人に対して10回行う。それを10人分処理することから，100回となる。

12 (1)

	[0]	[1]	[2]	[3]	[4]
out	'C'	'B'	'A'	0	0

(2)

	[0]	[1]	[2]	[3]	[4]
out	'B'	'C'	'A'	0	0

(3) ウ
《解説》ア．Dを取り出するためには，BとCをspush()しておく必要がある。そうすると，Cより先にBを取り出すことができない。イ．アと同じで，Cより先にAを取り出すことができない。エ．Cを取り出すためには，AとBをspush()しておく必要がある。そうすると，Bより先にAを取り出すことができない。

13 ウ

14 エ

15 ① 4,500 ② 50,000
③ 225M（225×10^6） ④ 62,500
⑤ 1M（1×10^6） ⑥ 50

16 ① 10,368 ② 676 ③ 3 ④ 6

17 (1) ① 06 ② 05
(2) ③ set1[j] == set2[k] もしくは
set2[k] == set1[j]

18 (1) =COUNTIF(C$3:C$59,F3)
(2) =SUM(H3:H6)
(3) =SUMIF(C$3:C$59,F3,D$3:D$59)
(4) =MIN(I$3:I$6)
(5)ア J$7 イ J3 ウ J$7

19 (1) 10枚 (2) 29.5 g
(3)

階級	度数
28	1
30	16
32	2
34	1

(4) 外れ値 (5) 29.6 g
(6) 2.1 g (7) 8.6 g (8) 7枚
(9) ア ○ イ ×
《解説》(5)最頻値である30gの階級にある16袋が正しいと考えられるのでその平均値を求める。(6)度数分布から④は1枚減，⑦⑱は1枚増，⑮は2枚増である。（④が2枚減なら余ったプリントが5枚より少なくなるから。）よって，プリント1枚は((29.6−27.5)+(31.8−29.6)+(33.7−29.6)+(31.7−29.6))÷5枚=2.1 g。(7)29.6−2.1×10=8.6g

20 (1) 対立仮説 (2) 検定 (3) 有意水準
(4) 帰無仮説
(5) ア 32 イ 1 ウ 3.1
(6) エ 棄却される オ 正しい

21 (1) A 移動距離＝速さ×時間
B 移動距離＝速さ×時間÷2
(2) ア =C3 イ =B3*C3
ウ =B3*D3/2
(3) ウ 0 エ 5 オ 20 カ 45

22 (1) ア −2 イ 3
(2) ウ MIN(C4:W4)
(3) =COUNTIF($X4:$X103,C105)
(4) =SUMIF(C105:W105,">"&AA105,
C106:W106)

23 (1) ア SUM(D8:F10)=3
イ SUM(D8:F10)=3
ウ SUM(D8:F10)=4
(2)

第2世代　第3世代

《解説》(1)イウ ②の条件では，隣接するセルを合わせた9個のセルの中に，親株を含めると3つまたは4つの生きたセルがある。

24 (1) 晴 0.50 雨 0.20 曇 0.30
(2) 0.06 (3) 0.44
《解説》(2)曇→雨→雨 0.30×0.20=0.06
(3)雨→晴→晴 0.40×0.50=0.20
雨→曇→晴 0.40×0.40=0.16
雨→雨→晴 0.20×0.40=0.08
合計 0.44

25 (1) ア H イ 72 ウ 65 エ D

オ 68 カ 83 キ V ク 86
ケ 89 コ B サ 66

(2) ア i＜txt.length イ i++
ウ code＋n エ 26 オ result

(3) ango（'DIFFICULT'，－5）

《解説》「E」の文字コードがわかっており、アルファベット順に文字コードが付けられていることから、文字コード表を見なくても、数えることにより文字コードは求められる。平文の文字に対応する文字コードに、nを加えれば、暗号文の文字に対応する文字コードになる。しかし、最後の方では「Z」よりも後の文字に対応してしまうため、アルファベットが26文字であることにより26で割った余りを使うと、「Z」を超えた場合に「A」に戻すことができる。暗号化するために前にずらす場合には、余りを用いていることから、負の移動量を与えることで関数を書き換えなくても正しく暗号化できる。

26 ア length イ i ウ 0
エ a[j−1] オ a[j] カ a[j−1]
キ j−1

《解説》挿入法はa[1],a[2],…,a[要素数−1]までの値がどの位置に挿入されるかを見つけることにより、並べ替えるアルゴリズムである。そのことからi＜a.lengthが成り立つ間繰り返すので、アはlengthとなる。a[i]がどの位置に挿入されるかを見つけるには、はじめにj=iとして、a[j−1]＞a[j]が成り立つ間、a[j−1]とa[j]とを交換すればよい。ただし、比較できるのは、j＞0の時に限られる。イ～エはこのことから決定できる。オ、カは値を交換する手順になる。キは比較後の再設定として、j=j−1から決定できる。

27 (1) ア 2 イ M[x][y] ウ x＋1
エ y＋1 オ M[x][y]＊2
カ M[x][y]

(2) ア M[x−1][y] イ M[x][y]
ウ T[x−1][y] エ M[x][y−1]
オ T[x][y−1]
カ xTokuten キ yTokuten
ク T[A][B]

《解説》スタートからゴールまでの移動回数は、どのように移動しても必ずx+y−2回となる。移動方向が'R'の場合にはx座標が1だけ増え、'U'の場合にはy座標が1だけ増える。その位置の得点を読み取って、連鎖になっている場合にはM[x][y]*2点、連鎖になっていない場合にはM[x][y]点増える。(2)も得点の計算は同様である。(x,y)までの最大得点T[x][y]を求める。(x,y)に移動する前には1つ左側の(x−1,y)または1つ下側の(x,y−1)にいる。それぞれの移動した時の最大得点をxTokuten，yTokutenとして求め、これらの大きい方が(x,y)での最大得点になる。この時、xTokuten, yTokutenはスタートに近い場所になることを考えると、スタートに近い方からひとマスずつT[x][y]を求める。このように小さい問題にして、記録を取りながら解T[A][B]を求める方法になっている。このアルゴリズムは動的計画法である。

2 音のデジタル化 次のように音のアナログ波形を標本化して，0〜3の2ビットで量子化した。例のように（1）から（12）の各点での量子化の値を求め，さらに2ビットの2進数に直し，波形を書きなさい。

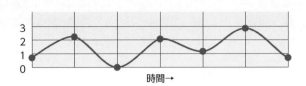

	（例）					
量子化の値	1	(1)	(2)	(3)	(4)	(5)	(6)
2進数	01	(7)	(8)	(9)	(10)	(11)	(12)

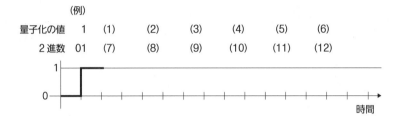

(1)
(2)
(3)
(4)
(5)
(6)
(7)
(8)
(9)
(10)
(11)
(12)

左図に書き込みなさい

3 デジタルデータからアナログ波形へ変換 ある音を量子化ビット数3でデジタル化した。このデータを元の波形で次の図に書き表しなさい。

110100011101011001010100110011

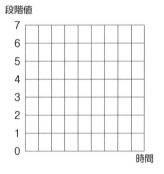

左図に書き込みなさい

4 音質の比較 次の文の空欄に適切な語句や数値を答えなさい。

標本化周波数44100Hzで標本化する音楽CDは，1秒間に（1　　　）回標本化する。また，標本化周期を求める計算式は（2　　　）であり，約0.000023秒（23マイクロ秒）であることがわかる。さらに，量子化ビット数は16ビットであるので，段階の数は（3　　　）段階になる。

一方，ある録音用のソフトでは，「電話の音質」で録音すると，標本化周波数が11025Hz，量子化ビット数8ビットでモノラル録音される。また，「ラジオの音質」で録音すると，標本化周波数が22050Hz，量子化ビット数8ビットでモノラル録音される。CD，電話，ラジオの音質で録音する場合，標本化周波数と量子化ビット数から，音の再現性が高い（音質のよい）順に（4　　　），（5　　　），（6　　　）となる。

(1)
(2)
(3)
(4)
(5)
(6)

①周波数　②周期　③標本化（サンプリング）　④標本化周期　⑤標本化周波数　⑥量子化
⑦量子化ビット数　⑧符号化　⑨PCM（パルス符号変調）　⑩多い　⑪増える

14 画像の表現 教科書 p.56〜p.59

POINT

（①　　　　　　）…一般的なテレビなどで利用されている赤（R），緑（G），青（B）の光。これらを使ってさまざまな色を表現する。

（②　　　）（ピクセル）…コンピュータで画像を表現する際の最小単位。R，G，Bをまとめて1つとする。

（③　　　　）…②の細かさ。高いほど滑らかな画像になる。

（④　　　）…光の明るさが変化する段階数。

（⑤　　　　　　　　）…R，G，Bそれぞれを8ビット，1画素に24ビットを割り当てて，16777216色で表現された画像。

アナログ画像を一定の距離間隔で分割し，赤，緑，青の成分ごとに，各②の明るさ（濃淡）を取り出してデジタル化する。

（⑥　　　　）形式（⑥グラフィックス）…（⑦　　　）系ソフトウェアで用いられる形式。画像を②の集まりとして表現する。

（⑧　　　　）形式（⑧グラフィックス）…（⑨　　　）系ソフトウェアで用いられる形式。画像を基準となる点からの座標や角度，大きさなどで表現する。

（⑩　　　　　）…⑦系ソフトウェアで拡大すると目立つギザギザのこと。

1　光の三原色と色の三原色　次の文の空欄に適切な語句を答えなさい。

ディスプレイの画面を拡大すると（1　　）である赤（R），緑（G），青(B)の光が出てくる小さな部分からできていることがわかる。この赤，緑，青の3つの部分をまとめて（2　　）といい，画像の最小単位となる。

カラー印刷機やカラープリンタは，次の図のように（3　　）の組み合わせで色を表現する。（3）とは，(4　　)，(5　　)，(6　　)で，これらの色は混ぜると暗くなり黒色に近づく。これを（7　　）という。一般的に，(4)，(5)，(6)のインクだけでは，正確な黒色を表現できないので，黒色（K）を加えた4色，あるいはより高い色再現性をめざして補完色のインクを追加して印刷している。

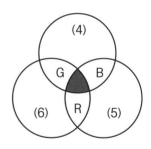

(1)
(2)
(3)
(4)
(5)
(6)
(7)

2　解像度の比較　次の(1)〜(3)の図の解像度を下のア〜ウから選びなさい。

(1) 　(2) 　(3)

(1)
(2)
(3)

ア．横10×縦10　　イ．横20×縦20　　ウ．横40×縦40

Tips プリンタはCMYインクが基本だが，高い色再現性をめざし，色を補完するインクがあるものが多い。例えば，黒，ライトシアン，ライトマゼンタ，ライトグレーなど，4色以上のインクを使うものもある。

3　階調　次の文の空欄に適切な数値を答えなさい。

　光の明るさが変化する段階数を階調という。例えば R，G，B の明る
さがそれぞれ 256 段階で変化すると（1　　　　）階調になる。ディスプ
レイの画素の R, G, B の部分の明るさを(1)階調で変化できるとすると，
R, G, B にそれぞれ（2　　　　）ビットずつ，1 画素では合計（3　　　　）
ビットの濃淡データ（明るさデータ）を割り当てる必要があり，通常こ
のような画像を（3）ビットフルカラーと呼ぶ。

(1) _____

(2) _____

(3) _____

4　画像ファイル　次の文の空欄に適切な数値を答えなさい。

　横 1,600 画素×縦 1,200 画素で，24 ビットのカラー情報をもつ画像
が撮影できるデジタルカメラがある。このカメラで撮影した画像 1 枚
に含まれる総画素数は，（1　　　　）画素となる。1 画素は 24 ビット
「（2　　　　）バイト」で表現されるので，画像 1 枚のデータ量は (1)×(2)
＝（3　　　　）バイトと計算できる。ここでデータの圧縮や画像への付
加情報などは無視するとし，このカメラに 8G バイトの記録用メモリを
使用すると，（4　　　　）枚の画像が記録できることになる。なお，こ
こでは 8G バイトは 8×10^9 バイトとする。

(1) _____

(2) _____

(3) _____

(4) _____

5　画像のデジタル化　次の(1)～(3)の文章は，何に関する説明か。語群から
選び，記号で答えなさい。

(1) 画素の細かさのこと

(2) 各画素の赤，緑，青の明るさを最も近い段階値にそろえること

(3) 画像を一定の距離間隔で分割し，各画素の明るさ（濃淡）を取り出
　　すこと

(1) _____

(2) _____

(3) _____

　＜語群＞‥‥‥‥‥‥‥‥‥‥‥‥‥‥‥‥‥‥‥‥‥‥‥‥‥‥‥‥‥‥
　　ア．標本化　　イ．量子化　　ウ．解像度

6　画像の性質とソフトウェア　次の(1)～(6)の文章は，ペイント系ソフトウ
ェアとドロー系ソフトウェアのどちらについて述べたものか，それぞれ
答えなさい。

(1) 取り扱う画像は，画素の集まりとして表現される。

(2) 取り扱う画像は，基準となる点からの座標や角度，太さなどで表現
　　される。

(3) 輪郭がはっきりしたロゴマークのようなものが得意である。

(4) 人の手で書いたような絵や写真のような複雑な表現が得意である。

(5) 描画後の図形の拡大・縮小，変形・回転が容易である。

(6) 描画後の図形を拡大するとジャギーが目立つ。

ペイント系

_____

ドロー系

_____

15 コンピュータの構成と動作 教科書 p.60 〜 p.63

POINT

1. コンピュータの構成

（①　　　　　　　　）（CPU）…計算や判断を
する演算装置と各装置を制御する制御装置から
構成されるコンピュータの中枢部分。

（②　　　　　　　　　　　）（OS）…
基本ソフトウェア。

（③　　　　　　　　　　）…利用者
とコンピュータとの間の入出力の手段。

（④　　　　　　　　　）…CPUと主記憶装
置の間に配置される高速な記憶装置（メモリ）。

2. コンピュータの動作

プログラムは主記憶装置に記憶されており，
CPU内部では，プログラムの構成単位である
命令の取り出し・解読・実行の一連の動作が順
番に行われる。

---

1 ハードウェア ハードウェアの構成は次の図のようになる。次の（1）
〜（6）に当てはまる装置名を次の語群から選び，記号で答えなさい。

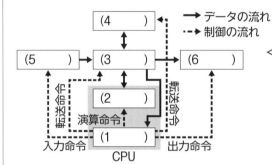

<語群>
ア．入力装置
イ．出力装置
ウ．制御装置
エ．演算装置
オ．主記憶装置（メモリ）
カ．補助記憶装置

(1)
(2)
(3)
(4)
(5)
(6)

2 オペレーティングシステム 次の文の空欄に適切な語句を語群から選
び，記号で答えなさい。

ソフトウェアには，（1　　　）のような（2　　　）ソフトウェアの
ほかに，ワードプロセッサ，表計算ソフトウェアなどの（3　　　）ソ
フトウェアがある。（2）ソフトウェアに周辺機器を動作させるための
（4　　　）というプログラムを追加することで，（3）ソフトウェアは
周辺機器の違いをほとんど意識することなく作業ができる。

（1）は，ハードウェアと（3）ソフトウェアとの仲介をする。例え
ば，ソフトウェアの実行順序やCPUへの割り当てなどを管理する
（5　　　）管理や，複数のユーザアカウントの登録や削除をするなど
してコンピュータの利用者を管理する（6　　　）管理などがある。

<語群>
ア．基本　イ．応用　ウ．ユーザ　エ．タスク　オ．ドライバ
カ．オペレーティングシステム（OS）

(1)
(2)
(3)
(4)
(5)
(6)

!Tips- TRON 「The Real-Time Operating System Nucleus」の略で，日本独自の組み込み型OS。

3 ◆**キャッシュメモリ** 次の表のようにキャッシュメモリと主記憶のそれぞれのアクセス時間が異なるコンピュータ A，B がある。以下の問いに答えなさい。

単位：ナノ秒

	コンピュータ A	コンピュータ B
キャッシュメモリ	15	10
主記憶	50	70

(1)①〜②に当てはまる語句または数値を答えなさい。

メモリの実効アクセス時間は，実際の 1 アクセスに要する平均時間である。キャッシュメモリ上に求めるデータがある確率(ヒット率)を H とすると， この平均時間は，

(キャッシュメモリのアクセス時間×（　①　）) ＋

主記憶のアクセス時間×（　②　）

で表される。

(2)あるプログラムをコンピュータ A で実行したときのキャッシュメモリのヒット率と実効アクセス時間は，コンピュータ B で実行したときと同じになった。この時のキャッシュメモリのヒット率を答えなさい。

(1)

①

②

(2)

4 ◆**コンピュータの動作** 以下は，仮想プログラミング言語にしたがって，乗算（x × y ＝ z）の計算をして 13 番地に結果（z）を書き込むためのプログラムである。乗算命令は無いので，加算命令を繰り返すことで（x を y 回加算）実現する。①〜③に当てはまる命令を答えなさい。なお，A レジスタと B レジスタを使うものとする。

仮想プログラミング言語命令一覧

READ r,(adr)	adr 番地のメモリから r レジスタに読み出し
WRITE (adr),r	r レジスタから adr 番地のメモリに書き込み
ADD r,(adr)	r レジスタと adr 番地の和を計算 r=r + adr 番地の値
SUB r,(adr)	r レジスタと adr 番地の差を計算 r=r − adr 番地の値
JNZ (adr)	直前の計算結果が零の場合は何もせず，非零の時だけ (adr) 番地の命令へ順番を戻す（ジャンプする）
STOP	プログラムの停止

番地	主記憶装置	
1	READ A, (13)	
2	READ B, (12)	
3	（　①　）	
4	（　②　）	
5	JNZ (3)	
6	（　③　）	
7	STOP	
⋮		
10	1	
11	7	x
12	3	y
13	0	z
⋮		

①

②

③

16 コンピュータの性能 　教科書 p.64 ～ p.65

POINT

1. コンピュータの処理速度

CPU と主記憶装置間の情報のやり取りや，CPU の処理の速さなどがコンピュータの性能に大きく関係する。

2. CPU の処理能力

（①　　　　　　　　　）…複数の装置で構成されたコンピュータが，各装置間での動作のタイミングを合わせるために用いられる信号。

（②　　　　　　　　　）…1 秒間の信号の回数。CPU の性能を表す尺度の 1 つ。

3. コンピュータによる演算誤差

数値をコンピュータで扱う場合，コンピュータの内部表現（ビット列）に変換されて取り扱われる。この時，その内部表現に収まらない場合に（③　　　　）が生じる。

---

1 **CPU の性能**　次の文の空欄に適切な語句を答えなさい。

(1)

(2)

(3)

(4)

CPU 内部または外部の装置間で，動作のタイミングを合わせるための周期的な信号を（1　　　）といい，1 秒間あたりの信号数を（2　　　）という。（2）が大きいほどデータをやり取りする処理回数が（3　多い・少ない　）ことになり，処理速度が（4　速い・遅い　）といえる。

2 **1 秒間に処理できる命令数**　以下の問いに答えなさい。

(1)①～⑥に当てはまる数値を書き込みなさい。

クロック周波数が 2GHz の CPU がある。この CPU の命令種別が，表に示す 2 つから成っているとき，この CPU の処理能力を計算してみる。

命令種別	実行時間（クロック）	出現頻度（%）
命令 1	10	60
命令 2	5	40

(1)

①

②

③

④

⑤

⑥

(2)

まず，2 種類の命令を実行するのに必要なクロック数とその出現頻度を考慮して，1 命令あたりの平均クロック数を求める。

$10 \times$（　①　）$+$（　②　）$\times 0.4 =$（　③　）クロック

これで平均クロック数が出たので，この CPU のクロック周波数を平均クロック数で割れば，1 秒あたりに実行可能な命令数が計算できる。

（　④　）$\div$（③）$=$（　⑤　）個

ここで，1 秒間の実行命令数を百万単位で表す単位として，MIPS がある。上式の結果を 100 万単位で表した MIPS になおすと，この CPU は（　⑥　）MIPS の処理能力をもっていることがわかる。

(2)クロック周波数が 2.7GHz の CPU が，下表のような命令種別から成っているときの処理能力は何 MIPS か計算しなさい。

命令種別	実行時間（クロック）	出現頻度（%）
命令 1	12	40
命令 2	7	60

🛈Tips-量子コンピュータ　量子ビットを情報単位としたコンピュータ。複数状態をもつ量子ビットの中から 1 つを選ぶアルゴリズム（量子アルゴリズム）が性能の鍵となる。

3 CPU の処理能力 以下の問いに答えなさい。

(1) クロック周波数 2GHz のプロセッサにおいて 1 つの命令が 5 クロックで実行できるとき，1 命令の実行に必要な時間は何ナノ秒か，計算しなさい。

(2) クロック周波数が 3.2GHz の CPU は，4 クロックで処理される命令を 1 秒間に何回実行できるか答えなさい。

(1) ＿＿＿＿＿＿＿＿＿＿

(2) ＿＿＿＿＿＿＿＿＿＿

4 コンピュータによる演算誤差 以下の問いに答えなさい。

(1) 次の文の空欄に適切な語句を答えなさい。

　数値をコンピュータで扱う場合，コンピュータの内部表現（ビット列）に変換されて取り扱うため，その表現に収まらなければ，（①　　　　）が生じる。例えば，小数の多くは正確に 2 進数に変換できない。そこで，コンピュータで行われる数値計算では，こうした 2 進数をある一定の桁数で収めるために最下位の桁を切り捨て，切り上げ，四捨五入などをする。このような端数処理で生じる（①）を（②　　　　）という。

　表計算ソフトウェアを使って，0.1 を加算していく過程を見てみる。セル A1 と B1 に 0.1 を入力し，セル A2 には，A1 ＋ $B$1 と式を入力する。これを A 列にコピー＆ペーストすることで，0.1 を足していく過程を見るようにした結果が次の図（一部省略）である。その過程を見るとセル（③　　　　）の値が正しい値になっておらず計算誤差が生じたことがわかる。

(1)
① ＿＿＿＿＿＿
② ＿＿＿＿＿＿
③ ＿＿＿＿＿＿

	A	B	C	D
1	0.1000000000000000	0.1		
2	0.2000000000000000	=A1+$B$1		
3	0.3000000000000000	=A2+$B$1		
4	0.4000000000000000			
5	0.5000000000000000			
57	5.7000000000000000			
58	5.8000000000000000			
59	5.9000000000000000			
60	5.9999999999999900			
61	6.0999999999999900			
62	6.1999999999999900			

(2) 次の 10 進小数のうち，小数点以下 4 桁の 2 進数で表すと丸め処理によって誤差が生じるものはどれか答えなさい。

ア．0.05　　イ．0.125　　ウ．0.375　　エ．0.5

(2) ＿＿＿＿＿＿＿＿＿＿

AD　データの圧縮と効率化 教科書 p.66〜p.67

（①　　　　）…データのもつ情報を保ったまま，サイズを小さくする処理。

（②　　　　）…元のデータに戻す処理。解凍，復元，展開などともいう。

（③　　　　）…①前と②後のデータが同一である方式。

（④　　　　）…多少の情報の欠損はあるが，①効率を高めた方式。静止画や動画，音声などの①に用いる。

ファイルの①や②には，専用ソフトウェアやOS に付属しているソフトウェアを使用…汎用（ZIP），音声（AAC），動画（MPEG-4），静止画（JPEG）など

③の考え方
同じデータが並んでいる数を付加
以前に現れた位置と長さの情報を付加
出現頻度の高いデータに短いコードを付与
変化のあるところだけ変更

1 可逆圧縮の特徴　次のア〜カの文章のうち，可逆圧縮の説明として正しいものをすべて答えなさい。

ア．圧縮前と圧縮・伸張後のデータが同一である。

イ．静止画や動画，音声などの圧縮に用いることが多い。

ウ．ソフトウェアのプログラムを圧縮するのに用いられる。

エ．多少のデータの欠損を許容する代わりに，圧縮効率を高めている。

オ．可逆圧縮方式で圧縮したファイルのサイズは，非可逆圧縮方式よりも小さくなる。

カ．「同じデータが何個並んでいるか」を数えて，その数をデータに付け加えて記録する方法がある。

2 データの種類と圧縮形式　次の文の空欄に適切な語句を語群から選び，記号で答えなさい。

ファイルの圧縮や伸張は，専用のソフトウェアや（1　　）に付属しているソフトウェアを使って行う。圧縮形式は（2　　）形式がよく使われる。（2）形式は，基本的にどのような種類のファイルでも圧縮できるが，圧縮したファイルは伸張してから利用する。

一方，音声・動画・静止画の圧縮は，音声が（3　　）形式，動画が（4　　）形式，静止画が（5　　）形式という非可逆の圧縮形式がよく使われる。これらのデータは，それぞれのファイルを扱う時にソフトウェアによって自動的に伸張されるため，伸張用のソフトウェアを使う必要がない。

＜語群＞
ア．OS　イ．AAC　ウ．ZIP　エ．JPEG　オ．MPEG-4

(1)
(2)
(3)
(4)
(5)

3 ランレングス圧縮　以下の問いに答えなさい。

(1)次の文の空欄に適切な語句や数値を答えなさい。

　図を画素で表す手法を考える。図1の場合，3×3個の画素を左上から1行ずつ右方向へ1画素ずつ読み取り，青ならB，白ならWと書いていくと（①　　　　）という文字列になる。

　ここで，全体の文字列の長さを減らす（圧縮する）ために，BやWがn個連続する場合を"Bn"，"Wn"と表す（nは2以上の整数）と，図1の図形は（②　　　　）で表現でき，全体で8文字となる。BとWのみで表現した文字数に対する圧縮率は8÷9×100＝約88.9%である。図2の5×5の図形について同じ手法で表現すると，（③　　　　）という文字列になり，文字数は（④　　　　）であるから，圧縮率は（⑤　　　　）%となる。

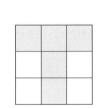
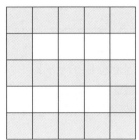

図1　3×3の画像　　　　図2　5×5の画像

(2)別の5×5の図形に対して，問題(1)の圧縮方法で表現すると次のようになった。この場合の圧縮率は何%か，答えなさい。また，元の画像はどのような画像か解答欄に再現しなさい。

"BW3BWBWBW3BW3BWBWBW3B"

(1)
①
②
③
④
⑤

(2)
圧縮率

4 ハフマン符号化　次の文の空欄に適切な数値を答えなさい。

　文字列「ABBBBBBBBCCCDDABBBCD」を2進数でコード化したい。使われている文字は4種類なので，（1　　　　）ビットですべて表現できる。すべての文字が（1）ビットで表現されるので，上の文字列をビット表現の符号に置き換えると全体で（2　　　　）ビットとなる。

　ここで，全体のビット数を減らすために，出現頻度に応じてビットの長さを変える方法を用いる。各文字の出現回数とビット表現は，次の表のようにする。

文字	A	B	C	D
出現回数	2	11	4	3
符号	010	1	00	011

　この表に従って，上記の文字列の各文字をビット表現の符号に置き換えると，全体で（3　　　　）ビットとなる。この方法を使うと，(1)ビットの固定長で表現したときの当該文字列の総ビット長に対する圧縮率は（4　　　　）%となる。

(1)
(2)
(3)
(4)

①圧縮　②伸張　③可逆圧縮　④非可逆圧縮

p.46
(1)
(2)
(3)
(4)

1 **数値の変換** 次の(1)〜(4)の数値を指定された形式で表現しなさい。

(1)$110101_{(2)}$ → 10 進数　　(2)$1511_{(10)}$ → 2 進数

(3)$110101_{(2)}$ → 16 進数　　(4)$FD_{(16)}$ → 2 進数

p.48

2 **浮動小数点の加算** 次の文の空欄に適切な数値を答えなさい。

次の 2 つの浮動小数点 A，B の加算は，次の手順で行う。

浮動小数点数 A

$$(-1)^S \times 1.M \times 2^{E-127}$$

符号 S　　　指数部 E（8 ビット）　　　　　　仮数部 M（23 ビット）

	31	30								23	22							0
A	0	1	0	0	0	1	0	0	0	1	0	1	1	0	…			0

浮動小数点数 B

符号 S　　　指数部 E（8 ビット）　　　　　　仮数部 M（23 ビット）

	31	30								23	22							0
B	1	1	0	0	0	0	1	1	1	1	0	1	0	0	…			0

※…は，0 を省略

①

②

③

(1)指数部の値を大きい方に合わせる。A が $1.1011_{(2)} \times 2^9$ で B より大きいことから，B を $-（①\qquad）_{(2)} \times 2^9$ とする。

(2)加算を行う。

$$(1.1011_{(2)} + (-（①）_{(2)})) \times 2^9 = （②\qquad）\times 2^9$$

(3)加算結果（②）$\times 2^9$ を上記の浮動小数点の表記に直し 16 進数で表すと（③　　　）となる。

p.50
(1)
(2)
(3)
(4)

3 **2 進数の加算・減算** 次の 4 桁の 2 進数の計算を行いなさい。ただし，解答は 4 ビットとし桁上げは無視するものとする。

(1)$0111_{(2)} + 1110_{(2)}$　　(2)$1101_{(2)} + 0101_{(2)}$

(3)$0101_{(2)} - 0010_{(2)}$　　(4)$0001_{(2)} - 0110_{(2)}$

p.51 〜 p.53

A	B	Y
0	0	
0	1	
1	0	
1	1	

4 **論理回路** 次の図のような AND 回路，NOT 回路を組み合わせた回路の真理値表を作成しなさい。

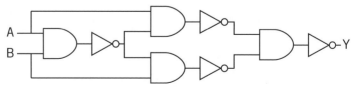

5 **音のデジタル化** 次の文の空欄に適切な数値を答えなさい。 p.54 〜 p.55

　60 分の音声信号（モノラル）を，標本化周波数 40kHz，量子化ビット数 16 ビットの PCM 方式でデジタル化する場合のデータ量について計算する。ここで，データの圧縮は行わないものとして考える。

　この音声は，1 秒間に（1　　　）回標本化（サンプリング）され，1 回のデータを（2　　　）バイトで量子化されることになる。従って，1 秒間のデータ量は，(1) ×(2) ＝(3　　　)バイトとわかる。今回の音声信号の長さは，(4　　　)秒なので，総データ量は (3) ×(4) で計算でき，おおよそ（5　　　）M バイトとなる。

　ちなみに，標本化周波数を半分にすると総データ量は元のデータ量に比べて（6　　　）倍になり，標本化周波数を変えずに音声信号だけモノラルからステレオになった場合，左右の 2 種類記録することになるので，データ量は（7　　　）倍になる。ただし 1M バイトは 1×10^6 バイトとして計算すること。

(1) _____
(2) _____
(3) _____
(4) _____
(5) _____
(6) _____
(7) _____

6 **画像のデジタル化** 次の文の空欄に適切な数値を答えなさい。なお，計算はすべてデータの圧縮は行わず画像への付加情報などは無視する。 p.56 〜 p.58

　解像度が横 800 ×縦 600 で 24 ビットフルカラーの画像 A がある。この画像のデータ量は（1　　　）バイトである。この画像 A の横と縦をそれぞれ 3 倍にし，1 ピクセルの色情報を表わすビット数（階調）を 24 ビットから 8 ビットにしたものを画像 B とする。画像 B のデータ量は，画像 A のデータ量の（2　　　）倍になることがわかる。

　一方，横 38.1cm，縦 25.4 cm の画像を，解像度 400dpi，24 ビットの色情報を指定してスキャナで読み込むと，データ量がいくらになるか計算してみる。解像度 400dpi とは，1 インチに 400 個の点の集まりで表現することを表す。つまり，1 インチ×1 インチが 400 × 400 ドットとなる。ここで，1 インチは 2.54 cm とすると，取り込む画像は，横（3　　　）ドット×縦（4　　　）ドットとなるので，データ量は約（5　　　）M バイトとなる。ただし 1M バイトは 1×10^6 バイトとして計算すること。

(1) _____
(2) _____
(3) _____
(4) _____
(5) _____

7 **CPU の性能** 次のア〜エのクロック周波数と 1 命令当たりの平均実行クロックの組み合せのうち，同一命令数のプログラムを処理する時間が最も短いものはどれか，記号を答えなさい。 p.64

	クロック周波数（GHz）	1 命令当たりの平均実行クロック
ア.	2.0	8
イ.	2.5	8
ウ.	3.0	10
エ.	3.5	14

17 ネットワークとプロトコル 教科書 p.70 〜 p.73

POINT

情報通信ネットワーク…コンピュータや通信機器間を接続するネットワーク。

（①　　　　　）（ローカルエリアネットワーク）…同一の建物や敷地内など比較的狭い範囲の中で構築されるネットワーク。

（②　　　　　）（広域ネットワーク）…複数の①を結合したネットワーク。

（③　　　　　）…1台のホストコンピュータに複数端末を接続して処理をさせる。

（④　　　　　）…複数のコンピュータがネットワークを利用して処理を分担する。

ファイルサーバ…ファイルを共有する。

（⑤　　　　　）サーバ…印刷要求をプリンタに送りプリンタを共有する。

（⑥　　　　　）サーバ…　データを一元管理（検索や保存，削除など）するサービスを提供する。

アプリケーションサーバ…業務処理などの要求を処理する。

（⑦　　　　　）サーバ…⑦ページの閲覧に必要なデータを提供する。

（⑧　　　　　）サーバ…⑧の送受信を提供する。

ストリーミングサーバ…動画や音楽を配信する。

（⑨　　　　　）…異なるコンピュータどうしをネットワークに接続して，データをやり取りする場合の通信に関する取り決め。

（⑩　　　　　）…インターネットの通信⑨。

（⑪　　　　　）…体系的にまとめた国際標準⑨。

（⑫　　　　　）…⑨の各層で行われた処理を示すデータ。

---

1 ネットワークを利用したコンピュータシステム　次の文の空欄に適切な語句を語群から選び，記号で答えなさい。

コンピュータ間で情報をやり取りするネットワークには，会社や学校など同一の建物や敷地内など比較的狭い範囲で構築される（1　　　）と，企業の支店や学校などの離れた（1）どうしを通信事業会社の回線を利用して結合し，より広域のネットワークを構築する（2　　　）がある。こうしたネットワークが相互に接続され，世界的に発展していったのが（3　　　）である。

コンピュータや通信機の普及により，コンピュータどうしを接続するネットワークが一般的に使われるようになっている。ネットワークを利用したコンピュータのシステム形態は，（4　　　）コンピュータに複数台の端末を接続しすべての処理を（4）コンピュータで行う（5　　　）処理システムと，ネットワークに接続したそれぞれの端末が処理を分担する（6　　　）処理システムがある。

(1)

(2)

(3)

(4)

(5)

(6)

＜語群＞……………………………………………………………………………

ア．集中　イ．分散　ウ．WAN　エ．LAN　オ．インターネット

カ．ホスト

---

❶Tips ARPANET（Advanced Research Projects Agency Network）世界で初めて運用されたインターネット型のネットワークであり，インターネットの起源でもある。

2 ネットワークシステム形態の分類 次の(1)〜(6)のネットワークは，下の表のア〜カのどの形態に該当するか答えなさい。

(1) 学校内でサーバを設置したネットワーク
(2) 東京本店が提供する自社独自の社内備品管理システムを各支店で利用するネットワークシステム
(3) 銀行のオンラインシステム（ネットワークで入金や出金等の処理を行う）
(4) 学校内でサーバを設置しないネットワーク
(5) 学校内で1台のコンピュータで出席管理を行うシステム（ネットワークで各生徒の出席状況を入力する）
(6) インターネット上の二者間で直接ファイルを共有するシステム

	集中処理システム	分散処理システム	
		クライアントサーバシステム	ピアツーピアシステム
WAN	ア	イ	ウ
LAN	エ	オ	カ

(1)＿＿＿
(2)＿＿＿
(3)＿＿＿
(4)＿＿＿
(5)＿＿＿
(6)＿＿＿

3 インターネットのプロトコル 次の(1)〜(5)の操作で利用されるプロトコルの名称を下の語群から選び，記号で答えなさい。

(1) サーバマシンをリモート接続で利用する
(2) Webページを閲覧する
(3) ファイルを共有する
(4) メールを送信する
(5) メールを受信する

＜語群＞
ア．HTTPS　イ．SMTP　ウ．SSH　エ．SMB
オ．POP

(1)＿＿＿
(2)＿＿＿
(3)＿＿＿
(4)＿＿＿
(5)＿＿＿

4 データ転送とプロトコル 次の図は，クライアント①からサーバ②へのWeb閲覧のための要求データを送信する様子を表したものである。各階層A〜Cの名称を下の語群から選び，記号で答えなさい。

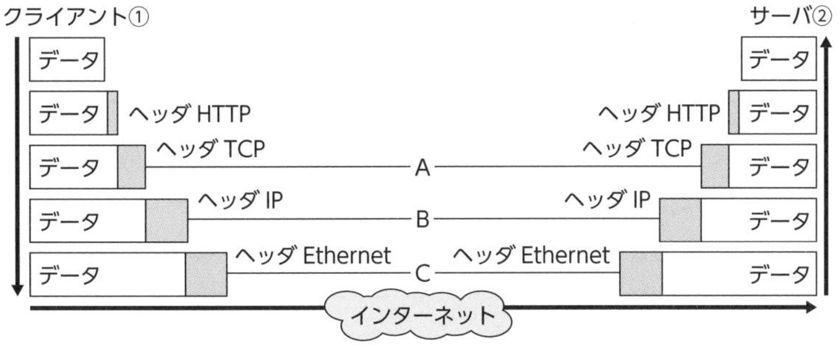

＜語群＞
ア．アプリケーション層　イ．トランスポート層
ウ．インターネット層　エ．ネットワークインタフェース層

A.＿＿＿
B.＿＿＿
C.＿＿＿

①LAN ②WAN ③集中処理システム ④分散処理システム ⑤プリント ⑥データベース ⑦Web
⑧メール ⑨プロトコル ⑩TCP/IP ⑪OSI参照モデル ⑫ヘッダ情報

18 インターネットの仕組み 教科書 p.74 ～ p.79

POINT

（①　　　　　）…TCP/IP で通信する
コンピュータの個別番号。IPv4 と IPv6 がある。

（②　　　　　）…インターネッ
トに直接接続されたコンピュータに割り当てら
れている①。

（③　　　　　）…限定された
LAN 内で管理されるコンピュータに用いる①。
インターネットに直接接続されない。

（④　　　　　）…LAN 内に接続されたコン
ピュータに重複なく①を割り当てる機能。

（⑤　　　　　）…組織内にあるコンピュー
タに付けられた名前。

（⑥　　　　　）…国名や組織区分を含む
インターネットに接続している組織の名前。

（⑦　　　　　）…スキーム名や⑥を用いて表
した Web ページのアドレス。

（⑧　　　　　）…⑥を①に変換すること。

（⑨　　　　　）…⑧をサービスする仕組み。

（⑩　　　　　）…宛先や送信元の①，分
割した順序などの情報。

（⑪　　　　　）…データを小さな単位に分
割し，⑩をつけたもの。

（⑫　　　　　）方式…異なる宛先の⑪
を混在させ同一ネットワークに送る方式。

（⑬　　　　　）…ネットワーク上を流れる⑪
を他のネットワークに転送する機器。

（⑭　　　　　）…ネットワーク上の経
路選択。

---

1 IP アドレス　次の文の空欄に適切な語句を語群から選び，記号で答え
なさい。

　TCP/IP で通信しているコンピュータは，（1　　　）という個別の
番号をもっており，32 ビットの大きさをもつ（2　　　）という規格が
広く利用されている。インターネットに直接接続されているコンピュー
タには，（3　　　）アドレスという（1）が個別に割り当てられている。
また，近年では，128 ビットの大きさをもつ（4　　　）という規格が
利用され始めている。学校や企業など限定された LAN に接続するコン
ピュータは，それぞれのネットワークで独自に（1）を割り当てても問
題ない。このような（1）を（5　　　）アドレスという。この（1）は，
LAN 内で重複なく割り当てる必要があるが，（6　　　）という機能を
使えば自動的に割り当てることができる。私たちにとっては，（1）の
ような数字の列は覚えにくい。そこで，ホスト名も含めた（7　　　）
でコンピュータを識別する仕組みが作られ，URL などで利用されて
いる。（7）は，国名，組織区分，組織名といった階層構造を表してお
り，例えば，https://www.mext.go.jp/ という URL の場合，国名は
（8　　　），組織名は（9　　　）の文字で表されている。

<語群>……………………………………………………………………
　ア．IPv4　イ．IPv6　ウ．プライベート　エ．グローバル
　オ．ドメイン名　カ．IP アドレス　キ．DHCP　ク．www
　ケ．mext　コ．jp

(1) _____
(2) _____
(3) _____
(4) _____
(5) _____
(6) _____
(7) _____
(8) _____
(9) _____

Tips 独自ドメイン　ユーザが自分の好きな文字列を使って作る世界で唯一無二となるドメイン名。個人で
独自ドメインを購入し，コンテンツを独自ドメインで公開することができる。（続く）

2 **インターネットでのデータ通信** 次のア〜カの文章のうち，正しいものをすべて答えなさい。

　ア．回線交換方式では，通信利用者間で通信経路を占有するので，接続速度や回線品質の保証を行いやすい。

　イ．回線交換方式は，回線を直接接続するので他の利用者に影響されない。

　ウ．インターネットに送り出されたパケットは，遅延が起きたり順番が入れ替わってしまうので，データを元に戻すことができない。

　エ．パケット交換方式は，同じ回線に異なる宛先のパケットが混在するので混乱してしまう。

　オ．インターネットでは，パケットの通信経路は同じ経路とは決まっていない。

　カ．パケット交換方式は無線だけで利用でき，回線交換方式は有線だけで利用できる。

3 **ルータの機能** 次のア〜エの文章のうち，ルータの機能として正しいものを答えなさい。

　ア．ネットワークに接続されたそれぞれの端末を，サービスを提供する側と要求する側に分け，処理を分担して行う。

　イ．LAN に接続されたコンピュータに重複しないように IP アドレスを自動的に割り当てる。

　ウ．異なるネットワークを相互接続し，最適な経路を選んでパケットの中継を行う。

　エ．ホスト名と IP アドレスの対応情報を管理し，端末からの問い合わせに応答する。

4 **各機能の役割** 次の(1)〜(4)の文章に最も関連するキーワードを語群から選び，記号で答えなさい。

　(1) PC などからの IP アドレス付与の要求に対し，サーバが管理している IP アドレスの中から未使用の IP アドレスを割り当てる。

(1)

　(2) 社内のプライベート IP アドレスをグローバル IP アドレスに変換し，インターネットへのアクセスを可能にする。

(2)

　(3) ドメイン名を用いてコンピュータを指定する記述形式で，Web ページの URL などに利用されている。

(3)

　(4) ドメイン名やホスト名などと IP アドレスとを対応付ける。

(4)

　＜語群＞‥‥‥‥‥‥‥‥‥‥‥‥‥‥‥‥‥‥‥‥‥‥‥‥‥‥‥‥‥‥‥‥‥‥

　　ア．DHCP　イ．FQDN　ウ．NAT　エ．DNS

19 | Webページの閲覧とメールの送受信 教科書 p.80〜p.81

1. Webページ閲覧の仕組み

閲覧するコンピュータ⇄（① 　　　　　）

（② 　　　　　，　　　　　）…Webページ閲覧時のTCP/IP上のプロトコル。

2. メールの送受信の仕組み

（④ 　　　　　）…メールを送信・転送するときに用いられるTCP/IP上のプロトコル。

（⑤ 　　　　，　　　　　）…メールを受信する時に用いられるTCP/IP上のプロトコル。

（⑥ 　　　　　）…③上にあるメールの一時保存場所。

| 送信する コンピュータ | → | 送信側 （③　　　） | → | 受信側③ | → | 受信する コンピュータ |

---

1 Webページ閲覧の仕組み 次の文章は，ブラウザでWebページを閲覧する時の閲覧側コンピュータとWebサーバ間でやり取りされる項目である。次の文の空欄に適切な語句を語群から選び，記号で答えなさい。また，(a)〜(f)を正しい順序に並び替えなさい。

(a)閲覧側コンピュータに（1　　　）が表示される。

(b)（2　　　）サーバからWebサーバの（3　　　）を受け取る。

(c)Webサーバは，（1）のデータを閲覧側コンピュータに向けて送る。

(d)インターネット上のさまざまな（4　　　）を経由して，目的のWebサーバにたどり着く。

(e)Webブラウザのアドレス欄に指定されたURLより（5　　　）を取り出し，そのWebサーバの（3）を（2）サーバに問い合わせる。

(f)宛先としてWebサーバの（3），送信元として閲覧側コンピュータの（3）を付けて，閲覧の要求を（4）を経由してインターネットへ送り出す。

<語群>..

ア．DNS　イ．ルータ　ウ．ドメイン名　エ．IPアドレス

オ．Webページ

(1) _____

(2) _____

(3) _____

(4) _____

(5) _____

順序 _____

2 ◆HTTPSプロトコル WebページへのアクセスにHTTPSを利用する目的として適切なものはどれか，答えなさい。

ア．1回の接続で，画像などを含む1画面内の全データを効率的に受信する。

イ．サーバの認証とデータの暗号化によって，通信のセキュリティを確保する。

ウ．アクセスのたびに内容が動的に変化するホームページを生成して通信する。

エ．データを圧縮して通信時間を短縮する。

3 **メール送受信の仕組み**　次の文の空欄に適切な語句を語群から選び，記号で答えなさい。

メールは，いくつかのルータを経由して宛先のコンピュータである受信側のメールサーバに届く。メールの送受信には，TCP/IP 上のプロトコルを使い，次のようなやり取りが行われる。

(1)送信側のコンピュータから，送信側のメールサーバにメールのデータが送られる。

(2)宛先として指定されたメールアドレスから（①　　　　）を取り出し，そのドメインのメールサーバの IP アドレスを（②　　　　）サーバに問い合わせる。

(3)（②）サーバから受信側のメールサーバの IP アドレスを受け取る。

(4)メールのデータに宛先として受信側のメールサーバの IP アドレス，送信元として送信側のメールサーバの IP アドレスを付けて，インターネットへ送り出す。

(5)さまざまな（③　　　　）を経由して，目的の受信側のメールサーバにたどり着き，指定されたユーザの（④　　　　）に一時的に保管される。

(6)受信側コンピュータは，自分宛のメールが来ていないか受信側のメールサーバに確認し（⑤　　　　）をする。

(7)受信側コンピュータにメールが届く。

このように，通常，パソコンなどのメールは定期的に（⑤）を行わないと新着メールを受信側コンピュータで受信できない。スマートフォンなどでは新着メールがあることを端末側に通知する仕組みがあるので，ほぼリアルタイムにメールを受信できる。

＜語群＞………………………………………………………………………
　ア．DNS　イ．ルータ　ウ．受信要求　エ．ドメイン名
　オ．メールボックス

①＿＿＿＿＿＿
②＿＿＿＿＿＿
③＿＿＿＿＿＿
④＿＿＿＿＿＿
⑤＿＿＿＿＿＿

4 **電子メール**　電子メールに関する記述として，適切なものを次のア～カのうちからすべて選びなさい。

　ア．電子メールのプロトコルには，受信に SMTP，送信に POP が使われる。

　イ．メーリングリストによる電子メールを受信すると，その宛先にはすべての登録メンバのメールアドレスが記述されている。

　ウ．メール転送機能を利用すると，自分名義の複数のメールアドレス宛に届いた電子メールを 1 つのメールボックスに保存することができる。

　エ．受信要求をしなくても受信することができる。

　オ．メールソフトと Web メールを併用する際，IMAP と POP のどちらを利用しても同じように利用できるので問題はない。

　カ．IMAP を利用するとメールのデータをサーバに残すことができる。

20 情報システム 教科書 p.82 〜 p.83

POINT

（①　　　　　　　　）…ネットワークに接続された個々の情報機器が連携しながら，さまざまな機能を提供する仕組み。

（②　　　　　　）システム…商品を販売した時点で商品や購入者の情報を集約するシステム。販売戦略を立てるのに役立つ。

（③　　　　　　　　）システム…インターネットなどのネットワーク上で契約や決済といった商取引をするシステム。

（④　　　　　　　　　　）…インターネット上で商品を販売する Web サイト上の店舗。

（⑤　　　　　　　　　　　）…パソコンやスマートフォンを利用して，自身の銀行口座の残高照会や振り込みなどができる仕組み。

（⑥　　　　　　　　　）社会…紙幣や硬貨を使用せず，クレジットカード，（⑦　　　　　　　　　）や QR コードなどの電子決済が広く普及した社会。

（⑧　　　　　　　　　　）システム…交通機関の乗車券や定期券の機能を IC カードにもたせる仕組み。（⑦）の機能も有している。

---

1 **さまざまな情報システム** 次の文の空欄に適切な語句を語群から選び，記号で答えなさい。

ネットワークに接続された個々の情報機器が連携しながら，さまざまな機能を提供する仕組みを（1　　　）という。

コンビニエンスストアには，商品の売り上げ傾向などのさまざまな情報を管理できる（2　　　）の導入によって，いろいろな商品がバランスよく効率的に店頭に並んでおり，小さな店でも品切れが少ない。

（3　　　）は e－コマースともいい，インターネットなどのネットワーク上で契約や決済といった商取引をするシステムである。（3）は次の 3 つに大きく分類できる。1 つ目は，企業同士の取引で英語の頭文字を使って「B to B」（Business to Business）と表し，2 つ目は企業・消費者間の取引「（4　　　）」，3 つ目は消費者同士の取引「（5　　　）」である。オンラインショップなどでは，顧客の購買履歴をもとに好みを分析し，その客の興味・関心がありそうな情報を提示したりする（6　　　）機能などが有効的に使用されている。

パソコンやスマートフォンを利用して残高照会や振り込みなどができる（7　　　）が普及している。さらに，クレジットカードの普及，（8　　　）や QR コードでの決済サービスの拡大などで（9　　　）社会が進んでいる。

＜語群＞‥‥‥‥‥‥‥‥‥‥‥‥‥‥‥‥‥‥‥‥‥

ア．B to C　イ．キャッシュレス　ウ．情報システム

エ．POS システム　オ．C to C　カ．電子商取引システム

キ．レコメンデーション　ク．電子マネー

ケ．インターネットバンキング

(1)

(2)

(3)

(4)

(5)

(6)

(7)

(8)

(9)

⚠Tips QR コード　1994 年に自動車部品メーカーであるデンソーが開発した二次元コードで，普及させるために特許をオープンにした。QR は Quick Response の略。

2 暮らしの中の情報システム　次の説明は，Aさんが好きなアーティストのコンサートに行く中で接した情報システムを順番に説明したものである。⑴〜⑹に該当するサービス名を下の語群から選び，記号で答えなさい。

⑴最初に，スマートフォンを使ってコンサートチケットを予約した。この後，コンビニエンスストアで購入手続きを行うとチケットが手に入る。

(1) _____

⑵チケット代金を得るために銀行に行き，窓口ではなく現金の支払い・預金・通帳記入・振込などを行う機器で，資金を引き出した。

(2) _____

⑶コンサートに行く前に，スマートフォンを使ってアーティストの公式サイトで販売されているコンサートグッズを購入した。

(3) _____

⑷コンサート当日，コンサート会場へ行くのに近くの駅から電車を利用したが，切符を購入する代わりに，自動改札をカードを利用して通過した。

(4) _____

⑸コンサート前に軽く食事をするために，会場近くのコンビニエンスストアに行って食料と飲み物を購入した。ここでは，レジスタに接続したバーコードリーダで価格と数量が読み込まれ，販売戦略に役立てられている。

(5) _____

⑹会場に入るときにファンクラブ会員カードを専用端末にかざすと，ポイントが付与される。ポイントを貯めることでファンクラブ内のさまざまなサービスを利用することができる。

(6) _____

＜語群＞………………………………………………………………………
　ア．POS システム　イ．ATM　ウ．予約システム　エ．EC サイト
　オ．ポイント管理システム　カ．交通系 IC カード

3 電子自治体　次の文の空欄に適切な語句を語群から選び，記号で答えなさい。

　自治体がその施策や事業などの行政の情報を住民に知らせたり，住民から意見を求めたりするには，時間や経費がかかっていた。しかし，今日ではインターネットを利用した電子自治体が進んでおり，住民は（1　　　）から行政の情報を得たり，（2　　　）などで意見を述べたりすることができる。

　例えば，インターネットを利用して環境や都市計画公共事業など行政の施策に住民の意見を反映させる（3　　　）や（4　　　）コメントを導入する自治体が増えてきている。これにより，行政と住民の距離を接近させ，行政サービスに対する住民の参加意識を向上させる効果も期待できる。また，企業においてもインターネットを利用した市場調査が急速に広まっている。これにより，（5　　　）が短くすみ，費用も安い上，消費者の心理を即座に把握できるので，企業ニーズが高まり，専門に請け負う会社もできている。

(1) _____
(2) _____
(3) _____
(4) _____
(5) _____

＜語群＞………………………………………………………………………
　ア．パブリック　イ．モニター　ウ．電子メール　エ．Web ページ
　オ．調査期間

21 情報システムを支えるデータベース 教科書 p.84〜p.85

POINT

1.（①　　　　　）とその役割

①…大量のデータを体系的に整理し，容易に検索・抽出などの再利用をできるようにしたもの。

（②　　　　　）…①を構築するために必要な①の運用，管理のためのシステム。

2. ①サーバとの連携

①は，サーバとしてほかのサーバシステムやアプリケーションと連携する形で利用されることが多い。

3. 蓄積されたデータの活用

（③　　　　　）…インターネットの普及と情報技術の進歩によって生まれた，膨大かつ多様なデータ。

（④　　　　　）…「公開されたデータ」のことで，特定のデータを許可されたルールの範囲内で，自由に複製・加工や再配布ができるデータ。

---

1 データベース 次の文の空欄に適切な語句を語群から選び，記号で答えなさい。

　一般的に，コンピュータではデータは（1　　）として（1）システムによって管理されている。例えば，表計算ソフトウェアで作成したデータは，表計算ソフトウェア用の（1）として，画像処理ソフトウェアで作成したデータは画像処理ソフトウェア用の（1）として，それぞれ保存される。（1）は，複数のプログラムからの（2　　）に向いていないため，このようにプログラムごとに（1）が存在する。

　（3　　）を利用すると，大量のデータを体系的に整理し，検索や抽出などの再利用が容易にできる。（3）は，重要な情報資産であるので，（4　　）から守る障害対策や（5　　）から守る安全対策を施す必要がある。これらの機能は，（6　　）で行われており，（3）への要求はすべて（6）を介して行われるので，利用者は（3）の仕組みを意識せずに利用できる。

　情報システムでは，（3）がサーバとして稼働し，他のサーバシステムやアプリケーションと連携する形で利用されることが多い。例えば，ECサイトでは，（3）サーバは（7　　）と連携して商品情報や販売情報などのデータの蓄積や提供を行っている。また，ECサイトの運営者は，同じデータをアプリケーションサーバを通して顧客管理などに利用している。

＜語群＞
ア．DBMS　イ．Webサーバ　ウ．データベース
エ．不正アクセス　オ．共有　カ．ファイル　キ．システム障害

(1)
(2)
(3)
(4)
(5)
(6)
(7)

Tips データセンター　各種のサーバ（コンピュータ）やデータ通信などの装置を設置・運用することに特化した施設の総称。IT機器は広い場所を必要とし，常に機能し続けさせるために厳重に管理する必要がある。

2 **DBMSの役割**　次のア～オの文章のうち，データベース管理システムが果たす役割として，適切なものをすべて答えなさい。

ア．ネットワークに送信するデータを暗号化する。

イ．データを圧縮してディスクの利用可能な容量を増やす。

ウ．複数の利用者で大量データを共同利用できるようにする。

エ．複数のコンピュータで磁気ディスクを共有して利用できるようにする。

オ．POSシステムなどの情報システムで膨大なデータを管理するのに用いられる。

3 **オープンデータ**　次のア～エのうち，オープンデータの説明として適切なものを1つ答えなさい。

ア．営利・非営利の目的を問わず二次利用が可能という利用ルールが定められており，原則無償で利用できる形で公開された官民データ。

イ．行政事務の効率化・迅速化を目的に，国，地方自治体を相互に接続する行政専用のネットワークを通じて利用するアプリケーションシステム内に，安全に保管されたデータ。

ウ．コンビニエンスストアチェーンの売上データや運輸業者の運送量データなどの事業運営に役立つデータで，データを提供する側が提供先を限定して販売しているデータ。

エ．商用のDBMSに代わりオープンソースのDBMSを用いて蓄積されている企業内の基幹業務データ。

4 **蓄積されたデータの活用**　ビッグデータとオープンデータに関する次のア～オの文章のうち，誤っているものをすべて答えなさい。

ア．ビッグデータとは，極端に大きいサイズの画像データのことである。

イ．ビッグデータを人工知能技術によって分析・予測することで，企業のビジネスのあり方や私たちの生活に大きな変革をもたらしている。

ウ．ビッグデータとは，膨大かつ多様なデータのことで，近年のインターネットの普及と情報技術の進歩によって，その活用が活発化している。

エ．オープンデータを活用することで，官民協働のサービス提供や，新しいビジネスの創出などを促し，日本全体の経済活性化につながることが期待されている。

オ．特定のDBMSでのみ管理できるビッグデータに対して，どのDBMSでも管理できるようにしたものがオープンデータである。

22 データベースの仕組み 教科書 p.86〜p.87

POINT

1. データベースの特徴

（①　　　　　　　　　　　）…データの集合を，互いに関連付ける関係モデルを使ったデータベースのことで，今日の情報システムで最も利用されている。

（②　　　　　　　）…データを内容ごとに分類した表。

（③　　　　　　）…表中の行にあたる部分。

（④　　　　　　）…表中の列にあたる部分

2. ①のデータ操作

（⑤　　　　）…複数の表を共通する項目で結び付け1つの表として表示する。

（⑥　　　　）…与えた条件に合う行を取り出して表として表示する。

（⑦　　　　）…表の中から一部の列を抽出して表として表示する。

（⑧　　　　　）…⑤，⑥，⑦で操作された一時的な表。

1 リレーショナルデータベース 次の文の空欄に適切な語句を語群から選び，記号で答えなさい。

リレーショナルデータベースは，データを内容ごとに分類して次の図のような（1　　　）に格納している。（1）は，図の①の行にあたる（2　　　　）と②の列にあたる（3　　　）の二次元で構成され，行と列を指定することでデータを取得する。③の列の見出しのことを（4　　　　）という。行を特定するのに必要な（3）を（5　　　）と呼び，(5)のデータは重複してはならない。

リレーショナル型データベースの大きな特徴は，複数の表で共通するキーにより（4）を結び付け1つの表として表示する（6　　　），与えた条件に合う行のみを取り出して表示する（7　　　），表の中から一部の列だけ表示する（8　　　）という3つの操作を行い，さまざまな形でデータを扱えることである。

(1)
(2)
(3)
(4)
(5)
(6)
(7)
(8)

書籍コード	書籍名③	著者名	分類名②	登録日
913-00○○	夜明け前	島崎藤村	日本文学	1998/5/15
913-87○○	高熱隧道	吉村昭	日本文学	2021/10/23
913-31○○	雪国	川端康成	日本文学	2008/2/20
913-81○○	舞姫	森鴎外	日本文学	2005/6/9 ①
002-83○○	学問のすゝめ	福沢諭吉	教育	2011/12/13
913-82○○	春琴抄	谷崎潤一郎	日本文学	2019/5/4

＜語群＞
ア．結合　イ．射影　ウ．選択　エ．項目名　オ．主キー
カ．レコード　キ．テーブル　ク．フィールド

2 **データベースのデータ操作** 次のa～cのリレーショナルデータベース操作の名称の適切な組み合わせはア～エのうちどれか，答えなさい。

a. 指定したフィールド（列）を抽出する。

b. 指定したレコード（行）を抽出する。

c. 複数の表を1つにする。

ア．a：結合，b：射影，c：選択　　イ．a：射影，b：結合，c：選択

ウ．a：射影，b：選択，c：結合　　エ．a：選択，b：射影，c：結合

3 **仮想表** 次の2つの表（書籍表，分類表）を用いて作成された(1)～(3)の表について，行った操作とその操作の名称を，語群からそれぞれ選び記号で答えなさい。

書籍表

書籍コード	書籍名	著者名	分類コード
002-83 ○○	学問のすゝめ	福沢諭吉	110
913-82 ○○	春琴抄	谷崎潤一郎	910
943-76 ○○	魔の山	トーマス・マン	940
913-75 ○○	伊豆の踊子	川端康成	910
933-14 ○○	イリュージョン	Rバック	930
913-37 ○○	月に吠える	萩原朔太郎	910

分類表

分類コード	分類名
110	教育
910	日本文学
920	中国文学
930	英米文学
940	ドイツ文学
950	フランス文学
960	スペイン文学
970	イタリア文学

作成された表

(1)

書籍コード	著者名
002-83 ○○	福沢諭吉
913-82 ○○	谷崎潤一郎
943-76 ○○	トーマス・マン
913-75 ○○	川端康成
933-14 ○○	Rバック
913-37 ○○	萩原朔太郎

(2)

書籍コード	書籍名	著者名	分類コード
913-82 ○○	春琴抄	谷崎潤一郎	910
913-75 ○○	伊豆の踊子	川端康成	910
913-37 ○○	月に吠える	萩原朔太郎	910

(3)

書籍コード	書籍名	著者名	分類コード	分類名
002-83 ○○	学問のすゝめ	福沢諭吉	110	教育
913-82 ○○	春琴抄	谷崎潤一郎	910	日本文学
943-76 ○○	魔の山	トーマス・マン	940	ドイツ文学
913-75 ○○	伊豆の踊子	川端康成	910	日本文学
933-14 ○○	イリュージョン	Rバック	930	英米文学
913-37 ○○	月に吠える	萩原朔太郎	910	日本文学

(1)
操作：
名称：
(2)
操作：
名称：
(3)
操作：
名称：

＜語群（操作）＞………………………………………………………

ア．書籍表と分類表とを分類コードで関連づけて1つの表にした。

イ．書籍表から分類コードが910である行を取り出した。

ウ．書籍表から書籍コードと著者名の列だけを取り出した。

＜語群（名称）＞………………………………………………………

エ．射影　　オ．選択　　カ．結合

①リレーショナルデータベース　②テーブル　③レコード　④フィールド　⑤結合　⑥選択　⑦射影　⑧仮想表

23 個人による安全対策 教科書 p.88～p.89

POINT

（①　　　　　　　　　　）…情報の盗聴（盗み見）や，改竄，破壊などの不正行為や不慮の事故に対して，個人的，組織的，技術的な安全対策を講じること。

（②　　　　　　　　）…コンピュータやサービスを利用するための権利。

（③　　　　　　　　）…個人を識別するための文字列。

（④　　　　　　　　）…本人であることを確認するための文字列。

（⑤　　　　　　）（サインイン）…コンピュータやサービスの利用を開始すること。

（⑥　　　　　　　）または（⑦　　　　　　　）…コンピュータシステムやソフトウェアに危害を加える悪質なプログラムの総称。

（⑧　　　　　　　　　　）…⑥のうち，ほかのファイルやシステムに寄生・感染する機能があるプログラムのこと。

（⑨　　　　　　　　　　）…ソフトウェアの欠陥のうち，安全性に関係するもの。

（⑩　　　　　　　　）…本来，利用する権限をもっていないコンピュータやネットワークに入り込むこと。

（⑪　　　　　　　　　　）…外部からネットワークに侵入されるのを防ぐ技術。

---

1 情報セキュリティ　次の文の空欄に適切な語句を語群から選び，記号で答えなさい。

セキュリティとは，一般的に部屋の施錠や防犯カメラの設置などを含めた安全対策全般のことであるが，このうちコンピュータの中の情報に対するセキュリティを（1　　　）という。コンピュータを安心して利用するためには，情報を不正に盗み見られる（2　　　）行為，情報の一部を不正に書き換えられる（3　　　）行為，アクセスできないように破壊される（4　　　）行為，または不慮の事故に対して（1）対策を講じる必要がある。

（1）には，次の3つの要素がある。1つ目の（5　　　）とは，許可されたものだけが情報にアクセスできる状態を確保すること，2つ目の（6　　　）とは，情報が勝手に書き換えられないような状態を確保すること，3つ目の（7　　　）とは，情報をいつでも見られるようにアクセスできる状態を確保することである。

＜語群＞
ア．改竄　　イ．盗聴　　ウ．不正　　エ．情報セキュリティ
オ．可用性　　カ．完全性　　キ．機密性

(1)
(2)
(3)
(4)
(5)
(6)
(7)

2 パスワードの注意点　次の(1)～(6)のパスワードは，7月19日生まれの高校生である佐藤一郎君の考えたものである。これらのうち適切なものに○，適切でないものに×で答えなさい。

(1) satoichi　　　　(2) ichi719　　　　(3) 7alw3g6_
(4) dreamcometrue　(5) apple123　　　(6) S16_7!9

(1)
(2)
(3)
(4)
(5)
(6)

！Tips–二段階認証　ユーザIDとパスワードによる認証（これを一段階目）を行った後に，二段階目として別の認証（例えば，秘密の質問の答えを入力する）を行うことでアカウントの保護を行う認証方法。

3 パスワードの管理　ある学校の生徒会では，インターネット上にあり Web ブラウザから利用できる複数の外部サービスを，生徒会室にある共用 PC から利用している。共用 PC のユーザ ID は生徒会役員の間で共用しているが，外部サービスのユーザ ID は生徒会役員ごとに異なるものを使用している。外部サービスのパスワードの管理方法のうち，本人以外の者による不正なログインの防止の観点から，適切なものはどれか答えなさい。

ア．パスワードは，システムが辞書から無作為に選んだ単語の組み合わせを外部サービス毎に別々に設定する。

イ．共用 PC の Web ブラウザにパスワードを記憶させ，次回以降に自動入力されるように設定する。

ウ．パスワードをそのままテキストファイル形式で記録し，共用 PC の一番目につくオペレーティングシステムのデスクトップに保存する。

エ．各生徒会役員が他人が推測できないよう複雑で自分だけが覚えやすいパスワードを 1 つ定め，どの外部サービスでもそのパスワードを設定する。

オ．各生徒会役員が指紋認証で保護されたスマートフォンをもち，スマートフォン上の信頼できるパスワード管理アプリケーションに各自のパスワードを記録する。

4 不正アクセスへの対策　インターネットからの不正アクセスを防ぐことを目的として，インターネットと内部ネットワークの間に設置する仕組みは，次のア～オのうちどれか答えなさい。

ア．DNS サーバ　　イ．ファイアウォール　　ウ．ルータ

エ．DHCP　　　　オ．Web サーバ

5 無線 LAN アクセスポイントの設定　無線 LAN の通信は電波で行われるため，適切なセキュリティ対策が欠かせない。次のア～エの無線 LAN のセキュリティ対策のうち，無線 LAN アクセスポイントで行うセキュリティ対策ではないものはどれか，すべて答えなさい。

ア．無線 LAN 通信における暗号化技術である WPA2 などを使って，通信内容を暗号化する。

イ．ネットワークの外部からの通信を制御し，内部のネットワークを守るファイアウォールを導入する。

ウ．無線 LAN の SSID を，OS がもつアクセスポイントの自動検出機能などによって発見できないようにする。

エ．アクセスポイントに登録された MAC アドレスをもつ端末以外は，通信を許可しない機能（MAC アドレスフィルタリング）を設定する。

---

①情報セキュリティ　②アカウント　③ユーザ ID　④パスワード　⑤ログイン　⑥マルウェア　⑦ウイルス（⑥，⑦は順不同）　⑧コンピュータウイルス　⑨セキュリティホール　⑩不正アクセス　⑪ファイアウォール

24 安全のための情報技術 教科書 p.90 ～ p.93

POINT

（①　　　　　　　　　）…情報の受信の際に必要な情報のみを選別する方法。

（②　　　　　　　　）方式…閲覧を許可しないリストを作成し閲覧制限を行う方式。

（③　　　　　　　　）方式…閲覧を許可するリストを作成し閲覧制限を行う方式。

（④　　　　　　　　）…画像や音声ファイルにすかし情報を埋め込んで，著作権などの侵害を防ぐ技術。

（⑤　　　　　　　　）…暗号資産の決済や送金の際の取引データを管理するために使われる技術。分散型台帳とも呼ばれる。

（⑥　　　　　　）…インターネットなどに接続している利用者間に仮想的な専用ネットワークを構築する仕組み。

誤り検出符号（⑦　　　　　　　　）…データ送受信時のデータの変化（誤り）を検出するために付加されるデータ。

（⑧　　　　　　　）方式…1つの鍵でデータの暗号化と復号を行う暗号方式。

（⑨　　　　　　　　）…⑧方式の1つで，文字を任意の文字数分ずらす暗号方式。

（⑩　　　　　　　　）方式…対になっている異なる2つの鍵を利用して暗号化と復号を行う暗号方式。

（⑪　　　　　　　）…⑩方式で，暗号化用として公開される鍵。

（⑫　　　　　　　）…⑩方式で，⑪で暗号化されたものを復号するための鍵。

（⑬　　　　　　　　）…HTTPS プロトコルで用いられる通信データを暗号化する方式。

（⑭　　　　　　）（ダイジェスト）…プログラムを使って，平文を圧縮して，特徴的な部分を生成した任意の長さのデータ。

---

1 **有害情報への対処**　次の(1)～(7)の文章は，コンテンツフィルタリングのブラックリスト方式やホワイトリスト方式について説明したものである。それぞれに該当する方式の名称を答えなさい。

(1) 不適切な Web ページのリストを作成し，リストに載っている Web ページへのアクセスは許可しない。

(2) 有益な Web ページのリストを作成し，リストに載っていない Web ページへのアクセスは許可しない。

(3) 不適切な Web ページを確実に閲覧不可にすることができる。

(4) リストへの掲載の有無に関係なく，有益な Web ページは確実に閲覧できる。

(5) 不適切な Web ページであっても，まだリストに登録されていない場合，閲覧できてしまう。

(6) 有益な Web ページであっても，まだリストに登録されていない場合，閲覧できない。

(7) 不適切な Web ページを確実に閲覧できないようにするためには，Web ページのリストを頻繁に更新する必要がある。

(1) _____

(2) _____

(3) _____

(4) _____

(5) _____

(6) _____

(7) _____

Tips 二要素認証　認証の段階数に関係なく，本人だけが知っていること（知識），本人だけが所有しているもの（所持），本人自身の特性（生体）の3つの認証要素の中から2つを認証に用いるもの。

2 パリティビットを用いた誤り検出　以下の問いに答えなさい。

(1) 7ビットの送信データに誤り検出符号を1ビット付加（奇数パリティ）して8ビットとして送信する際，データで発生した誤りに関する記述として，適切なものはどれか記号で答えなさい。

ア．奇数個のビットが誤っているときだけ，誤りが復元できる。

イ．1ビットが誤っているときだけ，誤りが復元できる。

ウ．誤りが復元できるかどうかは，不明である。

エ．誤りを復元することは，不可能である。

(2) 図のように7ビットで表される7文字の文字コードを垂直に並べ，7ビット×7文字の正方形状にし，行と列にパリティビットを付加することにした。これによって何ビットまでの誤りを訂正できるか答えなさい。ここで，図の色付き部分はパリティビットを表す。

1	1	0	1	1	1	0	1
0	0	1	0	0	0	1	0
0	0	1	1	1	1	1	1
0	0	0	0	0	1	0	1
1	1	0	0	0	0	1	1
1	0	1	1	1	0	1	1
0	0	1	1	0	0	1	1
1	0	0	0	1	1	1	

(1) ______

(2) ______

3 暗号化　次の(1)～(5)の文章は，暗号に関することについて説明したものである。該当する用語を下の語群から選び，記号で答えなさい。

(1) 暗号化されたデータを元に戻すこと

(2) 暗号化する前のデータ

(3) 暗号化する際や，元のデータに戻す際に必要な情報

(4) Webページで情報をやり取りする際の暗号化技術

(5) 暗号化した後のデータ

<語群>……………………………………………………………

ア．鍵　イ．平文　ウ．復号　エ．SSL/TLS　オ．暗号文

(1) ______
(2) ______
(3) ______
(4) ______
(5) ______

4 デジタル署名　デジタル署名に用いる鍵の種別に関する組み合わせのうち，適切なものはどれか，記号で答えなさい。

	デジタル署名の作成に用いる鍵	デジタル署名の検証に用いる鍵
ア．	共通鍵	秘密鍵
イ．	公開鍵	秘密鍵
ウ．	秘密鍵	共通鍵
エ．	秘密鍵	公開鍵

______

①コンテンツフィルタリング　②ブラックリスト　③ホワイトリスト　④電子すかし　⑤ブロックチェーン　⑥VPN
⑦チェックディジット　⑧共通鍵暗号　⑨シーザー暗号　⑩公開鍵暗号　⑪公開鍵　⑫秘密鍵　⑬SSL/TLS　⑭要約文

p.80 ～ p.81

1 **Web ページ閲覧とメールの送受信の仕組み** 次の図を見て，以下の問いに答えなさい。

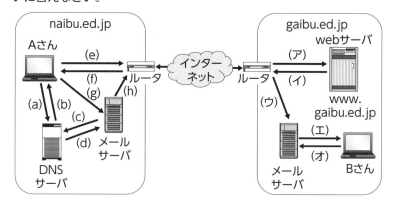

(1) **順序：**

①
②
③
④
⑤

(2) **順序：**

(1) A さんが B さん（アドレスは bname@gaibu.ed.jp）に電子メールを送信する。この時，B さんが電子メールを見るまでに，次のやり取りが行われる。①～⑤の順序を正しく並び替えなさい。また，次の①～⑤は，図の（a）～（h），および（ア）～（オ）のどれに該当するか答えなさい。

　①SMTP サーバに bname@gaibu.ed.jp 宛にメールを送るよう指示する。

　②gaibu.ed.jp の IP アドレス宛に電子メールのパケットを送り出す。

　③B さんのメールボックスから，B さん宛のメールを B さんに送る。

　④B さんが受信側のメールサーバに確認し，受信の要求をする。

　⑤gaibu.ed.jp の IP アドレスを DNS サーバに問い合わせる。

(2) A さんが以下のアドレスを Web ブラウザに入力し，目的の Web ページを閲覧するまでに，次のやり取りが行われる。①～⑥の順序を正しく並び替えなさい。また，次の①～⑥は，図の（a）～（h），および（ア）～（オ）のどれに該当するか答えなさい。

　　　　　　　　http://www.gaibu.ed.jp/

　①Web サーバは，Web ページのデータをクライアントに向けて送る。

　②DNS サーバから Web サーバの IP アドレスを受け取る。

　③閲覧するコンピュータに Web ページが表示される。

①
②
③
④
⑤
⑥

　④Web ブラウザのアドレス欄に指定された URL が示す Web サーバの IP アドレスを DNS サーバに問い合わせる。

　⑤インターネット上のさまざまなルータを経由して，目的の Web サーバにたどり着く。

　⑥宛先として Web サーバの IP アドレス，送信元として閲覧するコンピュータの IP アドレスを付けて，閲覧の要求をインターネットへ送り出す。

2 **パスワード**　英小文字・記号・数字の合計 50 種類の文字を使ってパスワードを作る時，次の(1)～(3)の問いに答えなさい。

(1) 3 文字のパスワードを作る時，全部で何通りのパスワードを作ることができるか，答えなさい。

(2) 1 秒間に 5000 通りのパスワードを試行することができる装置がある。この装置を使うと，3 文字のパスワードは最大で何秒で解析されてしまうか計算しなさい。

(3) パスワードの長さを 2 倍の 6 文字にした場合，(2)の装置で解析するのに必要な最大時間は 3 文字の場合に比べて何倍になるか計算しなさい。

p.88

(1)

(2)

(3)

3 **電子すかし**　電子すかし技術によってできることとして，最も適切なものを次のア～オのうちから 1 つ答えなさい。

ア．データのコピー回数を制限することができる。

イ．データをコピーすることを不可能にすることができる。

ウ．復号鍵がなければ，データを利用できなくすることができる。

エ．著作権情報などを，透けて見える画像として元の画像に重ねて表示することができる。

オ．元のデータからの変化が一見してわからないように，著作権情報などを埋め込むことができる。

p.90

4 **暗号化**　公開鍵暗号方式を用いて，図のように A さんから B さんへ，他人に秘密にしておきたい文章を送る時，暗号化に用いる鍵 K として，適切なものは次のア～エのうちどれか答えなさい。

p.92 ～ p.93

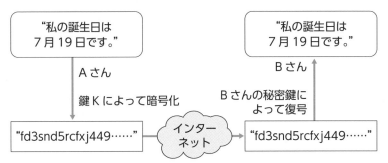

ア．A さんの公開鍵　　イ．A さんの秘密鍵

ウ．B さんの公開鍵　　エ．B さんの秘密鍵

25 データの収集と整理 教科書 p.96 〜 p.99

POINT

1. ICT を活用した問題解決
（①　　　　　　　）…広く多くの人が利用できるように公開されたデータ。
（②　　　　　　　）…解決策の結果を予測・検証するために模擬環境で動作を行うこと。

2. データの収集
目的に応じて公的機関などから収集する。

3. データの（③　　　　）
キーとなる項目をもとに複数のデータを組み合わせる。
（④　　　　　　　　　）…③キーによるデータの関係性。

4. 数値データの整理
（⑤　　　）…実測値と真の値とのずれ。
（⑥　　　　）…ほかの測定値から大きく異なった特徴を示すデータ。
（⑦　　　　）…事故等で測定できなかったデータ。
データの（⑧　　　　）…⑥や⑦を,前後のデータから類推して補うこと。

5. 文字データ・画像データの整理
（⑨　　　　　　　　　）…文章中の単語や文節などを解析して,書かれている情報を読み解く技術。

---

1 ICT を活用した問題解決　次の文の空欄に適切な語句を入れなさい。

問題を解決するためには,多くのデータを収集し,解決策を作成し,実行していく必要がある。近年多くのデータが（1　　）として公開されている。

また,解決策を検証するために模擬環境で検証を行う（2　　）が一般化してより効果的な解決策を見つけることができるようになった。

(1)
(2)

2 データ形式の構造　次の(1)〜(3)の形式の構造を表す文章を,下のア〜ウの中から選んで,記号で答えなさい。

(1) xlsx 形式　　(2) CSV 形式　　(3) XML 形式
　ア．データをカンマ「,」で区切った形式
　イ．表計算ソフトウェア Excel 独自の形式
　ウ．データの種類を表すタグでデータを囲った形式

(1)
(2)
(3)

3 ◆データ形式の特徴　次の(1)〜(3)のデータ形式に該当する特徴を,下のア〜エの中からすべて選んで,記号で答えなさい。

(1) xlsx 形式　　(2) CSV 形式　　(3) XML 形式
　ア．項目と値が対になっている。
　イ．区切り文字によって分割されている。
　ウ．特定のソフトウェアに特化した形式である。
　エ．多くのソフトウェアに対応した一般的な形式である。

(1)
(2)
(3)

Tips CSV は Comma Separated Value の略で文字の「,」で区切られている。その他に制御コードの TAB や文字のスペース（空白）で区切られた形式などがある。

4 ◆**データの結合** 次の表は授業の履修状況を表している。以下の問いに答えなさい。

	A	B	C	D	E	F	G	H	I	J	K	L
1		生徒テーブル			履修テーブル				科目テーブル			
2		学籍番号	名前		履修コード	科目コード	学籍番号		科目コード	教科名	科目	単位数
3		10201	A		1	501	10201		401	数学	数学Ⅰ	4
4		10202	B		2	502	10202		402	数学	数学Ⅱ	2
5		10203	C		3	401	10201		501	理科	物理	3
6					4	502	10203		502	理科	化学	2
7					5	402	10202		503	理科	生物	3
8					6	503	10202					

(1) Aさんの履修科目数は何科目か。　　　　　　　　　　　　(1)

(2) Bさんが履修している理科の単位数は合計何単位か。　　　(2)

(3) 化学の履修者は全部で何人か。　　　　　　　　　　　　(3)

5 **数値データの整理** 次の文の空欄に適切な語句を入れなさい。

　測定によって得られた値が必ずしも真の値とは限らない。測定値と真の値とのずれを（1　　）という。機器の精度や操作する人の熟練度などによって測定値には（2　　）が生じることが多い。

(1)

(2)

　実際の測定では，何らかの理由によって値が取得できなかったり，得られた値の一部が，ほかの値と大きく異なった特徴を示すことがある。前者を（3　　），後者を（4　　）という。(3) が生じた場合は，前後のデータから値を類推して（5　　）することがある。

(3)

(4)

(5)

6 ◆**データの補完** 次の表は水を加熱して時間による温度の変化を測定した結果である。加熱して3分後はうっかり見損ねたため測定ができなかった。以下の問いに答えなさい。

時間	1分後	2分後	3分後	4分後	5分後
温度〔℃〕	32.4	46.1		73.5	87.2

(1) 3分後の温度を類推しなさい。　　　　　　　　　　　　　(1)

(2) X分後の温度をT〔℃〕とすると，TはXを使って次のように表せる。（　　）内に当てはまる式を書きなさい。　　T＝（　　　　　　　）　　(2)

7 **文字・画像の解析** 次の文の空欄に適切な語句を入れなさい。

　情報機器の処理速度が飛躍的に向上し，膨大な気象データと気象モデルを用いた（1　　）を行うことで，可能性の高い複数の予想天気図を作成できるようになり，天気予報の精度が高まってきた。

　ネコに分類された大量の画像データを読み込んでネコの特徴を学習した（2　　）は，動物が映った画像データとその特徴を比較することで，その動物がネコである確率を計算できるようになった。

(1)

(2)

(3)

(4)

　文章を解析して情報を読み解く（3　　）は，自由記述のアンケートから内容を集約するだけでなく，(2) や（4　　）などと組み合わせることで，人の言葉で操作できる家電製品などを生み出した。

①オープンデータ　②シミュレーション　③結合　④リレーションシップ　⑤誤差　⑥外れ値　⑦欠損値　⑧補完
⑨テキストマイニング

26 ソフトウェアを利用したデータの処理 　教科書 p.100 〜 p.103

POINT

1. データの処理
表計算ソフトウェアでは，セルに「＝」で始まる数式を入れて計算する。

（①　　　　　　　　）…四則演算を表現する記号。数学と表計算ソフトウェアでは一部異なる。数式には数字やセルの番地が使われる。

（②　　　　　　　　）…コピーすると，コピー先もコピー元と同じセルを参照。

（③　　　　　　　　）…コピーすると，コピー先を起点として，コピー元が参照していたセルと同じ位置関係の別のセルを参照。

2. 関数の利用
（④　　　　　）…④名の後ろの（　　）内に並べられた（⑤　　　）を用いて，あらかじめ定義された計算の結果（⑥　　　　）を返す。

3. グラフの利用
収集したデータを（⑦　　　　　）して特徴や傾向を把握しやすくする。

4. 並べ替えと抽出
（⑧　　　　　）…順序を変えること。
　（⑨　　　）…値の小さい順
　（⑩　　　）…値の大きい順
　（⑪　　　）…条件に合ったデータだけを抜き出すこと。

1　表計算ソフトの四則計算　次の文の空欄に適切な語句を入れなさい。

　表計算ソフトで計算をするには，セルに数式を入力する。数式は「（1　　　）」で始まり，値を参照するセルの番地と（2　　）で表現する。数式が入力されたセルをコピーすると，（3　　）では，コピー先でもコピー元が参照していたセルと同じセルが参照されるが，（4　　）では，コピー先のセルを基点として，コピー元のセルからみた参照先のセルと同じ位置にあるセルが参照される。

(1)
(2)
(3)
(4)

2　関数と引数　次の文の空欄に適切な語句を入れなさい。

　セルに関数を入力する時は，関数の前に「（1　　）」を付ける。関数は，関数名の後に続く（　　）内に並べられたデータである（2　　　）をもとに，あらかじめ定義された計算の結果を（3　　　）として返す。

　（2）には，数値やセル番地，数値を入力した範囲，ほかの関数などを（4　　）で区切って並べる。範囲は矩形領域で，左上端と右下端のセル番地を（5　　）で区切って表す。（2）として指定されたセルや矩形領域内のセルの値が書き換えられると，関数の計算結果もすぐに再計算され，反映される。また，F9 キーを押すことで強制的に再計算させることもできる。

　このように，あらかじめ計算式や関数を設定しておくと，条件を変えてもすぐに結果を得ることができる。このため，表計算ソフトは，さまざまに条件を変えて結果がどうなるかを実験する（6　　　）のツールとしても利用される。

(1)
(2)
(3)
(4)
(5)
(6)

!Tips「2020/4/12」などの日付は，数値（シリアル値）として格納してある。セルの書式をユーザー定義で ggggyy 年 m 月 d 日とすると元号で表示できる。

3 ◆**表計算ソフトのデータ形式** 次の表計算のシートを見て，下の問いに答えなさい。

	A	B	C	D	E	F	G	H	I
1						消費税率	0.10		
2									
3	品名	単価(¥)	入荷数	販売数	販売割合	在庫数	税額(¥)	販売価格(税込¥)	売上額(¥)
4	大根	130	30	25		5	13	143	3575
5	人参	100	40	36		4	10	110	3960
6	玉ねぎ	120	60	47		13	12	132	6204
7								売上合計	13739

(1) セル F4，G4，H4，I4 にはどのような数式が入力されているか。

(2) セル F4 〜 I4 を F5 〜 I6 にコピーした。コピー後，セル F5，G5 に入力されている数式を書きなさい。

(3) セル I7 に入力されている関数を使った式を書きなさい。

(4) セル E4 〜 E6 に入荷数に対する販売数の割合を求めたい。E4 に入力する数式を書きなさい。

(5) 入荷数に対する販売数の割合を販売割合として，セル A4 〜 I6 の矩形範囲を販売割合が高い順に並べると，品名は上からどのような順になるか。

(1) F4：
G4：
H4：
I4：
(2) F5：
G5：
(3)
(4)
(5)

4 **データの抽出と並べ替え** 次の文の空欄に適切な語句を入れなさい。

表計算ソフトの各列の（1　　　　　　）機能を有効にすると，その列のデータを基準に，特定のデータを含む行だけを（2　　　　　）したり，昇順または降順に（3　　　　　　）たりすることができる。

(1)
(2)
(3)

5 **グラフの特徴** 次の(1)〜(4)のグラフの特徴として該当するものをア〜クの中からそれぞれ2つ選び，記号で答えなさい。

(1) 棒グラフ　(2) 折れ線グラフ　(3) 円グラフ　(4) レーダーチャート

ア．各項目の座標軸を放射状にとり，値を頂点とした面積で表現する。

イ．中心の角度で全体に対する各項目の割合を表現する。

ウ．棒の長さで値の大きさ・量を表現する。

エ．直線の傾きで値の変化を表現する。

オ．データの合計が，全体（母集団）の100%になる場合のみに使える。

カ．一定間隔の時間や距離ごとに測定されたデータなどに用いられる。項目の並べ替えはできない。

キ．項目間で大小比較をする場合などに用いられ，一般に項目の並べ替えが可能である。

ク．1つのものを複数の項目で評価し，そのバランスや特徴を他と比較する目的で用いられる。

(1)
(2)
(3)
(4)

①算術演算子　②絶対参照　③相対参照　④関数　⑤引数　⑥戻り値　⑦可視化　⑧並べ替え　⑨昇順　⑩降順　⑪抽出

27 統計量とデータの尺度 教科書 p.104～p.107

POINT

1. おもな統計量

（①　　　　　）…他のデータと比較する際に特に必要となる情報。例）合計値，最大値，最小値，平均値，中央値，四分位数，標準偏差 など。

2. 度数分布表と箱ひげ図

（②　　　　　　）…ある値または範囲のデータ数（度数）を表で整理したもの。

（③　　　　　　　）…②を棒グラフで表したもの。

（④　　　　　　）…データの分布の概要を表した図。

3. 分散と標準偏差

（⑤　　　　　）…データの散らばり具合を表す。

（⑥　　　　　　）…⑤の平方根。

4. 尺度水準

（⑦　　　）データ…分類としての意味。

（⑧　　　　）…分類のラベル。

（⑨　　　　）…順序性がある。

（⑩　　　）データ…計算が可能。

（⑪　　　　）…間隔が一定の意味。

（⑫　　　　）…比にも意味をもつ。

---

(1)
(2)
(3)
(4)
(5)
(6)
(7)
(8)
(9)
(10)
(11)
(12)
(13)

(1)
(2)
(3)
(4)
(5)
(6)
(7)
(8)
(9)
(10)

1 統計量 次の文の空欄に適切な語句を書きなさい。ただし，(11) については語句の中から適切なものを選びなさい。

（1　　　　　）とは，ある値または範囲のデータ数（度数）を表で整理したもので，これを棒グラフで表したものを（2　　　　　）という。

現れた値の中で最も大きい値を（3　　　　），小さい値を（4　　　　），最も多く表れた値を（5　　　）という。現れた値の総和である（6　　　）をデータ数で割った（7　　　）は主な統計量としてよく用いられている。

（8　　　）または（8）の平方根である（9　　　　）が大きいほどデータの散らばりが大きい。データの分布が正規分布をしている場合，（10　　　）と（7）が一致する。（10）が（7）より高い場合は，（7）より（11　大き・小さ）いデータが多いことを示している。

データを小さい順に並べた時，下位から 25%，50%，75% の位置にある値を第 1（12　　　　），第 2（12），第 3（12）という。第 2（12）は（10）と同じである。これらを使って分布の様子を簡易的に表した図を（13　　　　）という。

2 統計量と関数 表計算ソフトウェアにはあらかじめ統計用の関数が用意されている。次の量を求める関数を語群の中から記号で，選びなさい。

(1) 個数　(2) 合計値　(3) 平均値　(4) 最大値　(5) 最小値
(6) 最頻値　(7) 中央値　(8) 四分位数　(9) 分散　(10) 標準偏差

＜語群＞……………………………………………………………………

ア．AVERAGE　イ．COUNT　ウ．MAX　エ．MEDIAN
オ．MIN　カ．MODE　キ．QUARTILE.INC　ク．SUM
ケ．STDEV.P　コ．VAR.P

🖐Tips 第 1 四分位数は，数学ではデータ数が偶数の場合は下位半分の中央値，奇数の場合は全体の中央にあたるデータを除いた下位半分の中央値だが，Excel では下位から 25% の位置にある数である。

3 **分布と統計量** 次の3つのグラフの見方について，下のア～エの説明のうち，正しいものは○，誤っているものは×を書きなさい。

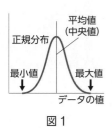
図1

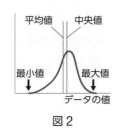
図2

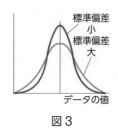
図3

ア．図1では正規分布をしているので，平均値と中央値が一致している。
イ．図2では中央値より平均値が低く，平均値より小さいデータが多い。
ウ．図3では標準偏差が大きいほうがデータはあまり分散していない。
エ．図2のグラフは非正規分布である。

ア．＿＿＿＿＿＿
イ．＿＿＿＿＿＿
ウ．＿＿＿＿＿＿
エ．＿＿＿＿＿＿

4 **データの尺度** 次の文を読んで，下記の問いに答えなさい。

　データには数量的な意味を持つ（A）と，分類としてのみ意味をもつ（B）に分けられる。これらの値を決める基準となるものを尺度という。尺度にはいろいろな性質をもつものがある。

⑴ 文中の A，B に適当な語句を書きなさい。

⑵ A，B に対応する尺度を下から2つずつ選んで記号で書きなさい。

　ア．間隔尺度　イ．順序尺度　ウ．比例尺度　エ．名義尺度

⑶ 次のア～エの文章について，正しい場合は○，誤っている場合は×を書きなさい。

ア．多くの全国統計は，国が定めた都道府県番号順に整理されている。だから都道府県番号は順序尺度である。

イ．高度1万mは100mの100倍の高さがある。だから高度は比例尺度である。

ウ．温度の尺度は提唱した人の名を取ってセルシウス温度やファーレンハイト温度などと呼ばれている。だから温度は名義尺度である。

エ．災害警戒レベルは1から5まで1段階ずつ増える。だから災害警戒レベルは間隔尺度である。

⑴A：＿＿＿＿＿
　B：＿＿＿＿＿
⑵A：＿＿＿＿＿
　B：＿＿＿＿＿
⑶ア．＿＿＿＿＿
　イ．＿＿＿＿＿
　ウ．＿＿＿＿＿
　エ．＿＿＿＿＿

5 **度数分布と統計量** 次の表は体力測定におけるある班の得点である。

生徒	A	B	C	D	E	F	G	H	I	J	K
得点	10	9	7	7	7	6	3	5	5	7	6

⑴ 得点の度数分布表を作成しなさい。

⑵ 表計算ソフトウェアで求めた場合の次の統計量を答えなさい。答えが小数になる場合は小数第1位まで答えなさい。

　ア．最大値　イ．最小値　ウ．最頻値　エ．平均値　オ．中央値
　カ．第1四分位数

⑴

得点	度数
10	
9	
8	
7	
6	
5	
4	
3	
2	
1	

⑵ア．＿＿＿＿
　イ．＿＿＿＿
　ウ．＿＿＿＿
　エ．＿＿＿＿
　オ．＿＿＿＿
　カ．＿＿＿＿

AD　データの分布と検定の考え方 教科書 p.108 〜 p.113

POINT

1. 二項分布

（①　　　　　　　）…２つの状態から一方を選択する試行が繰り返されてできる分布。

（②　　　　　　）…ある操作で得られる値の確率的な平均値。同じ確率の試行を複数回行う操作では②＝１回の確率 p ×試行回数 n 回

2. 正規分布

（③　　　　　　　　）…自然界でよく見られる，平均値を中心とした左右対称の確率分布。

（④　　　　　　　　　）…③のうち，平均 $\mu = 0$，分散 $\sigma^2 = 1$ の分布。x 軸とグラフで囲まれた面積が１になる。

3. 母集団と標本

（⑤　　　　　）…調査を行う対象全体。

（⑥　　　）…⑤から（⑦　　　）によって無作為に選びだされた集団。

4. 検定の考え方

（⑧　　　　　　）とは，主張したい仮説である

（⑨　　　　　　）を否定した仮説である

（⑩　　　　　　）を考え，検定統計量がある基準（⑪　　　　）を超えているかを判断して⑨が正しいかどうかを結論づける手法。

（⑫　　　　　）…⑧の判断基準。5% や 1% などの確率で表現される。

（1）

（2）

（3）

（4）

（5）

（6）

（7）

1　母集団と標本　次の文の空欄に適切な語句を書きなさい。

　調査を行いたい対象の全体を（1　　　）といい，（1）の平均を（2　　），分散を（3　　）という。（1）が大きすぎるなどの理由で，（1）の一部を無作為に選びだしたものを（4　　）といい，選び出す操作を（5　　）という。（4）の平均，分散はそれぞれ（6　　　　），（7　　　）と呼ばれる。

ア．　イ．　ウ．
エ．　オ．

2　◆帰無仮説と有意性　次の文章について，正しいものに○，誤りがあるものに×と答えなさい。

ア．主張したい仮説を帰無仮説（きむかせつ）という。

イ．帰無仮説が棄却されると対立仮説は正しい。

ウ．有意確率が有意水準より大きいと帰無仮説に有意性がある。

エ．検定統計量が臨界値より大きいと帰無仮説に有意性がある。

オ．検定統計量が臨界値より大きいと帰無仮説は棄却される。

（1）

合計	度数
0	
1	
2	
3	
4	
5	

（2）問題中のグラフに記入しなさい。

（3）

3　二項分布　投げると同じ確率で表か裏が出るコインがあり，最初の合計を 0 として，コインを投げて表が出れば合計に 1 を加え，裏が出れば何も加えないとする。コインを 5 回投げた時，以下の問いに答えなさい。

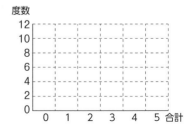

（1）合計の度数分布表を作成しなさい。

（2）ヒストグラムを書きなさい。

（3）5 回のうち，4 回以上表が出る確率を最も簡単な分数で答えなさい。

❗Tips　世論調査は母集団から一部を抽出して調べる標本調査で，多くは無作為に作った番号に電話をかける RDD（Random Disit Dialing）方式で行われる。一方，国勢調査は母集団全体を調査する全数調査である。

4 **検定の考え方**　次の文の空欄に適当な語句を，語群から選んでア〜ソの記号で答えなさい。

母集団について立てた仮説が正しいといえるかを標本から判定する手続きを（1　　）という。（1）は，主張したい仮説を否定した（2　　）を考え，それを「それが偶然に起こることは滅多にない＝（3　　）性がある」ことを示すことで，最初に立てた仮説である（4　　）が正しいと結論付ける。滅多に起こらないとする確率の基準を（5　　）という。一般には発生確率が 5% の基準が使われる。この場合，5% に対応する検定統計量を（6　　）といい，0 〜 5% 未満の範囲を（7　　）という。

母集団が正規分布に従う時，（8　　）と（9　　）あるいは（9）の平方根である（10　　）がわかっている場合は，（1）統計量の 1 つである（11　　）値を使って平均の（11）検定ができる。（9）や（10）がわからない場合は，（9）の代わりに（12　　）を用いた（13　　）値を使って（13）検定ができる。（13）検定は，（サンプル数 n − 1）で表される（14　　）によって（6）となる検定統計量の値が異なるが，（14）が 30 以上でほぼ一定になり，（11）検定の値に近づく。

＜語群＞‥‥‥‥‥‥‥‥‥‥‥‥‥‥‥‥‥‥‥‥‥‥‥‥‥‥‥
ア．検定　イ．t　ウ．Z　エ．対立仮説　オ．帰無仮説
カ．有意　キ．有意水準　ク．絶対値　ケ．臨界値　コ．棄却域
サ．自由度　シ．母平均　ス．母分散　セ．不偏分散　ソ．標準偏差

(1)	(2)
(3)	(4)
(5)	(6)
(7)	(8)
(9)	(10)
(11)	(12)
(13)	(14)

5 **◆平均の検定**　以下の問いに有意水準 5% で答えなさい。なお，確率 5% になる Z 値は，両側検定で Z = 1.96，片側検定で Z = 1.65 であり，サンプル数 1000（自由度 999）では t 値も Z 値と同じと考えてよい。また以下は正規分布に従うものとする。

・ある工場で作られるお菓子は，1 個平均 40.50g で標準偏差が 0.80 である。16 個入りのある箱に入っていたこのお菓子は平均 40.80g だった。この箱のお菓子は通常と違っているか検定したい。

(1)帰無仮説を書きなさい。

(2)この検定は両側検定か片側検定か答えなさい。

(3)Z 値を求めなさい。

(4)この箱のお菓子の量は通常と違っているといえるか。

(1)	
(2)	
(3)	
(4)	

・麺を指定した長さに切りだす機械がある。20.00cm に設定して切り出したところ，1000 本の平均が 20.09cm，不偏分散が 2.500 だった。切り出した長さは設定より長いといえるか検定したい。

(5)帰無仮説を書きなさい。

(6)この検定は両側検定か片側検定か答えなさい。

(7)t 値を求めなさい。

(8)切り出した長さは設定より長いといえるか。

(5)	
(6)	
(7)	
(8)	

28 時系列分析と回帰分析 教科書 p.114〜p.117

POINT

1. 時系列分析

（① 　　　　　）…時間とともに変動する量を時間順に並べたもの。

（② 　　　　　）…一定期間のデータの平均値をその期間の代表値とする平滑化の方法。

2. 回帰分布

（③ 　　　　）…2つの系列の値を縦軸・横軸にとり，点の散らばり具合で2つの系列の関係を表現する図。

（④ 　　　　　）…2つの系列間が直線関係にあると仮定してモデル関数を求める方法。

（⑤ 　　　　　）…系列間の相関の強さを表す。−1から1までの値をとり，絶対値が大きいほど相関が強い。

（⑥ 　　　　　）…実測値のデータに最も近いモデル関数を求める方法。実測値とモデル関数の差の二乗和が最小になるようにモデル関数を決める。

---

1 **時系列分析** 次の文の空欄に適切な語句を答えなさい。

時間とともに変動する量を時間順に並べた（1　　　　　）を分析することを（2　　　　）という。(2) をすることで，時間軸に対する傾向を調べたり，将来の動きを（3　　）したりすることができる。時間軸に対する主な動きを明らかにするために (1) の細かな変動を取り除くことをデータの（4　　）という。(4) の方法として，一般に，一定時間範囲のデータの平均をその範囲の代表値とする（5　　　　　）がある。また，外れ値が多いデータの場合はデータの中央値を代表値とする（6　　　　　）なども使われる。これらのデータをグラフ化することで，増減などの全体的な傾向や周期性を（7　　　）することができる。

(1) _____
(2) _____
(3) _____
(4) _____
(5) _____
(6) _____
(7) _____

2 **回帰分析** 次の文の空欄に適切な語句を選んで，記号で答えなさい。

複数の系列のデータがある時,その間にある関係を（1　　　　）を使って表すことを（2　　　　）という。特に2つの系列間の関係を一次関数で近似することを（3　　　　），その一次関数を（4　　　　）という。

系列間の関係を（5　　　）するグラフとして一般に（6　　　）が使われる。(6) では，2つの系列間に相関が強いほど実測値は (4) の周囲に集まる。相関の強さを表す統計量として（7　　　　）があり,(7)の絶対値が（8　　）に近いほど相関が強い。最適な (1) を求める方法として，(1) の値と実測値との差の二乗和が最小になるように (1) の係数を求める（9　　　　　）がある。

(1) _____ (2) _____
(3) _____ (4) _____
(5) _____ (6) _____
(7) _____ (8) _____
(9) _____

ア．時系列分析　イ．回帰分析　ウ．予測　エ．可視化　オ．平滑化
カ．時系列データ　キ．回帰直線　ク．直線回帰　ケ．0　コ．1
サ．散布図　シ．箱ひげ図　ス．モデル関数　セ．相関係数
ソ．最小二乗法　タ．移動平均法　チ．移動中央値法

❗Tips 回帰 (regression) は「後戻りする (regress)」から生まれた語。植物で偶然に大きな種子ができても，その種子の次の世代は元の大きさ（平均値）に近づくことが多いことから，収束する先を回帰直線と呼んだ。

3 散布図と相関係数の特徴 次の文章について，正しいものに〇，誤りがあるものに×と答えなさい。

(1) 散布図では，相関が強いほど点が回帰直線付近に集まる。

(2) 散布図に現れた点の数はデータの数を表している。

(3) X と Y の相関が強ければ，X は Y の要因である。

(4) 相関係数が 0.3 と − 0.5 では，− 0.5 の方が相関が強い。

(5) 散布図の X 軸と Y 軸を入れ替えても，最小二乗法で求めた回帰直線は変わらない。

(1)

(2)

(3)

(4)

(5)

4 ◆移動平均 次の表とグラフについて，以下の問いに答えなさい。

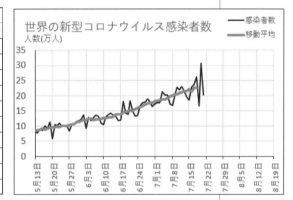

	A	B	C	D
1		世界の新型コロナウイルス感染者数		
2		月日	感染者数	移動平均
3		5月1日	84762	
4		5月2日	91977	
5		5月3日	82602	
6		5月4日	86108	
7		5月5日	81451	ア
8		5月6日	71428	
9		5月7日	83441	
10		5月8日	87729	
11		5月9日	95845	

(1) グラフから，感染者数の増減にはどのような周期性が見られるか。

(2) 感染者数のデータについて移動平均を取りたい。何日間の移動平均を取るのが適当か。

(3) 上の(2)のとき，セル D7（表中のア）にはどのような関数を入力すればよいか。

(4) この分析から，8 月中旬の感染者数は縦軸の目盛りのどの範囲に達するか予測しなさい。

(1)

(2)

(3)

(4)

5 ◆散布図と相関の強さ 次の図について以下の問いに答えなさい。なお，グラフの縦軸・横軸の間隔はどれも等しく，直線は回帰直線を表している。

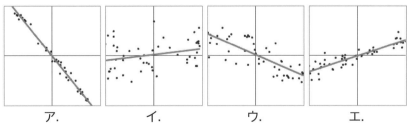

ア.　　　　イ.　　　　ウ.　　　　エ.

(1) ア〜エを，相関係数が大きい順に並べなさい。

(2) ア〜エを，相関が強い順に並べなさい。

(1)　　　＞　　　＞　　　＞

(2)　　　＞　　　＞　　　＞

AD　区間推定とクロス集計　教科書 p.118 〜 p.119

POINT

1. 区間推定の考え方

（①　　　　　　　）…標本を分析することで母平均や母分散を推定する方法。

（②　　　　　　　）…①で推定された値の範囲。

2. クロス集計

（③　　　　　　　　）…複数の項目からなる設問を組み合わせて，項目ごとに集計すること。

1　区間推定　次の文の空欄に適切な語句を答えなさい。なお，(6) と (7) については選択肢から選びなさい。

標本を分析することで，もとになる母集団の母平均や母分散がどのような範囲に存在するのかを推定する方法を（1　　　　　）という。その推定の結果の確からしさを（2　　　　）といい，95% や 99% などのように表す。(2) が 95% になるように推定した範囲を 95%（3　　　　）という。

母分散がわからない場合，(3) は (2) に対応した t 値と，標本内のデータ数である（4　　　　）とそのばらつきである（5　　　　）から求めることができる。(3) の範囲は (4) が多くなるほど（6 広く・狭く）なり，(5) が大きくなるほど（7 広く・狭く）なる。

(1)

(2)

(3)

(4)

(5)

(6)

(7)

2　区間推定の特徴　次の文章が正しい場合には〇，誤りがある場合には×と答えなさい。

(1) 標本のばらつきが大きいほど信頼区間は広くなる。

(2) 標本として多くのデータを集めるほど信頼区間は広くなる。

(3) 95% 信頼区間より 99% 信頼区間のほうが範囲が狭い。

(4) 信頼区間の最大値と標本平均との間隔は，標本平均と信頼区間の最小値の間隔に等しい。

(5) 信頼区間を求めるのに使う t 値は，サンプルの数によって異なる。

(1)

(2)

(3)

(4)

(5)

3　◆区間推定の活用　次の問いに答えなさい。ただし，サンプル数 50 の標本について，95% となる t 値を 2.0 とする。

(1) ある農園でとれたリンゴを母集団とし，その中から無作為に 50 個を選んで標本とした。標本となったリンゴの重さを測ったところ，平均が 296.0g，不偏分散が 72.0 だった。リンゴの重さについて平均の 95% 信頼区間を求めなさい。

(2) ある群れの魚を 50 尾捕獲し，体長を測ったところ，平均が 62.0cm，不偏分散は 162 だった。この群れの魚について体長の平均の 95% 信頼区間を求めなさい。

(1)

(2)

⚠Tips カイ二乗検定の使い方として，2 つの母集団を比較する同一性の検定（例：中高生の意見の比較）や，ある母集団を理論値と比較する適合度の検定（例：あるサイコロの目の出る確率がすべて 6 分の 1 か）がある。

4 **クロス集計と検定**　次の文の空欄に適切な語句を答えなさい。

　複数の項目からなる設問を組み合わせて，項目ごとに集計することを（1　　　　　）という。二項分布の期待値のように，（1）の各度数について確率的に期待される値を（2　　　　　）といい，実際の調査で得られた（3　　　　）が（2）と大きく異なっていれば，そこに何らかの有意な原因があると考えられる。（3）が（2）とどの程度一致しているかを調べる方法の1つとして（4　　　　　）がある。

(1) _____
(2) _____
(3) _____
(4) _____

5 **クロス集計**　アンテナショップでA～Dの4つの商品を試験販売した。次の表は購入者の性別と商品の一覧である。以下の問いに答えなさい。

	1	2	3	4	5	6	7	8	9	10	11	12	13	14	15
性別	女	女	男	男	男	男	女	女	男	女	女	女	男	男	女
商品	A	A	C	C	B	C	A	C	B	C	A	C	C	C	D

	16	17	18	19	20	21	22	23	24	25	26	27	28	29	30
性別	女	女	男	男	女	男	女	女	男	女	女	男	男	男	女
商品	B	A	B	B	D	C	B	A	D	D	B	C	D	B	B

(1) このデータからクロス集計表を作成しなさい。

(2) 最もよく売れた商品はどれか。A～Dの記号で答えなさい。

(3) 販売のターゲットを女性に特化する場合に適した商品はどれか。A～Dの記号で答えなさい。

クロス集計表

	A	B	C	D	合計
男					
女					
合計					

(1)問題中の表に記入しなさい。

(2)

(3)

6 **◆カイ二乗検定**　次の実測度数の表は，年代層別に旅行先の希望をアンケート調査した結果をクロス集計したものである。実測度数が期待度数と一致しているかをカイ二乗検定したい。以下の問いに答えなさい。

実測度数

	20～39歳	40～59歳	60歳以上
海外旅行	9	6	5
国内旅行	3	14	13

期待度数

	20～39歳	40～59歳	60歳以上
海外旅行	ア	イ	ウ
国内旅行	エ	オ	カ

(1) 期待度数の表のア～カの値を小数第1位で答えなさい。

(2) この検定の自由度はいくらか。

(3) χ^2 値を計算したところ 8.08 だった。この実測値は期待度数と有意な差があるといえるか。有意水準 5% で答えなさい。なお，(2)の自由度で確率が 5% となる χ^2 値の値は 5.99 である。

(4) 実測度数と期待度数との差が最も大きいのはどの項目か。期待度数の表のア～カの中から2つ選んで記号で答えなさい。

(1)問題中の表に記入しなさい。

(2)

(3)

(4)

29 モデル化とシミュレーション 教科書 p.120〜p.123

POINT

1. モデル化とシミュレーション

（① 　　　　　　）…問題を単純化・抽象化すること。

（② 　　　　　　　）…解決策の結果を予測・検証するために模擬環境で動作を行うこと。

（③ 　　　）モデル…実物を模したもの。

（④ 　　　）モデル…現象や手続きを模したもの。

（⑤ 　　　）モデル…時間の経過によらないもの。

（⑥ 　　　）モデル…時間の経過によるもの。

2. 確定的モデル

（⑦ 　　　）モデル…変動する要素がなく，結果が 1 つに定まるモデル。

3. 確率的モデル

（⑧ 　　　）モデル…変動する要素があり，結果が 1 つに定まらないモデル。

（⑨ 　　　）…値が一定の範囲内で不規則かつ等確率で現れるもの。

（⑩ 　　　　　）…⑨を使った確率モデルで問題を解決する方法。

---

1 モデル化とシミュレーション　次の文の空欄に適切な語句を，語群から選んで，ア〜シの記号で答えなさい。

　問題の解決が容易でない場合に，問題の本質的な部分だけを残して単純化・抽象化することを（1　　　）化という。（1）を（2　　）環境で動作させて問題解決策の結果を予測・検証することを（3　　　　　　）という。

　（1）はさまざまな観点で分類できる。例えば，実物を模した（4　　　）（1）に対して現象や手続きなどを表現した（5　　）（1），時間の経過が他の要素に影響を与える（6　　）（1），他の要素に影響を与えない（7　　）（1）などがある。

　私たちの身の回りには，不確定な要素を含む現象がある。このような現象を（8　　）的な考え方を用いて（1）化したものを（8）的（1）という。

　ある範囲の数値が（9　　　　）に，一定の（8）で現れる数列を（10　　）という。（10）を利用した（8）的（1）によって問題を解決する手法を（11　　　　　　）法という。一方，不確定な要素がなく結果が 1 つに定まる現象を（1）化したものを（12　　）的（1）という。

＜語群＞

ア. 動的　イ. 静的　ウ. 論理　エ. 物理　オ. 確定
カ. 確率　キ. 模擬　ク. 乱数　ケ. 不規則　コ. モデル
サ. モンテカルロ　シ. シミュレーション

(1)	(2)
(3)	(4)
(5)	(6)
(7)	(8)
(9)	(10)
(11)	(12)

(1)

(2)

ヒント

0 以上 1 未満の乱数：
= RAND ()
数値を超えない最大の整数：
= INT （数値）

2 乱数の利用　表計算ソフトウェアの RAND 関数と INT 関数を使って，次の内容を実現するためにセルに書き込む式を書きなさい。

(1) コインの表裏を 0 と 1 で表現する。

(2) サイコロの目の数（1〜6）を表現する。

Tips =RAND() は値が同じ確率で現れる一様乱数である。値が正規分布の確率で現れる正規乱数は =NORM.INV(RAND(),平均値,標準偏差) で表せる。

3 等速度運動 等速度で走る車の速さと進んだ距離を，表計算ソフトウェアでシミュレーションしたい。以下の問いに答えなさい。

	A	B	C	D
1				
2		時間間隔[秒]	速さ[m/秒]	
3		1	10	
4				
5		経過時間[秒]	速さ[m/秒]	進んだ距離[m]
6		0	10	0
7		1		
8		2		
9		3		
10		4		

(1) 次の図は，時間間隔や速さを自由に変えてシミュレーションできるようにしている。セル B7 とセル C6 に入力されている式を書きなさい。

(2) セル D8 に入る式には，例えば次の 2 つの式が考えられる。ア，イに入るセル番号を書きなさい。

  ① ＝C8 * [ア]
  ② ＝D7 + C$3 * [イ]

(3) 経過時間に対する速さと進んだ距離をグラフにした。それぞれに当てはまるグラフの形を次の中からア～エの記号で選びなさい。

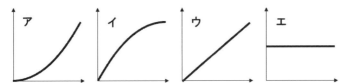

4 当たりが出る確率 ある商品は 10 本に 1 本の割合で当たりがついている。これを 10 本買ったとき，当たりが何本出るかを表計算ソフトウェアで調べたい。以下の問いに答えなさい。

(1) 当たりを 1，はずれを 0 と表すとすると，「10 本に 1 本当たる」はいろいろな式で表現できる。次の式のア～エに適切な数値を答えなさい。ただし，ウとエは最も簡単な自然数とする。

  ① ＝IF(RAND()＞＝ [ア] ,1,0)
  ② ＝IF(RAND()＜ [イ] ,1,0)
  ③ ＝INT（RAND（) * [ウ] / [エ])

(2) 次の図は，この商品 10 本を 50 回買ったものとしてシミュレーションを行った結果である。セル M3, P3 に入力されている式を書きなさい。

	回数	1	2	3	4	5	6	7	8	9	10	当たり数		当たり数	度数
3	1	0	0	0	0	0	1	0	1	0	0	2		0	14
4	2	0	0	0	0	0	1	0	0	0	0	1		1	21
5	3	0	0	0	0	0	0	0	0	0	0	0		2	12
6	4	0	0	0	0	0	0	0	0	0	0	0		3	3
7	5	0	0	0	0	0	0	0	0	0	0	0		4	0
8	6	0	0	0	0	0	0	1	0	0	0	1		5	0
9	7	1	1	0	1	0	0	0	0	0	0	3		合計	50
10	8	0	0	0	0	0	0	0	1	0	0	1			
52	50	0	0	0	0	0	0	0	0	0	0	0			

10本中の当たりの数

(3) (2)の図で，当たりが 2 本以上出る確率を小数第 2 位まで求めなさい。

解答欄

(1)B7：

C6：

(2)ア：

イ：

(3)速さ：

進んだ距離：

(1)ア

イ

ウ

エ

(2)M3：

P3：

(3)

AD 確定的モデルのシミュレーション 教科書 p.124〜p.125

1 貯水槽の水位 図1のように，トイレの貯水槽には最高水位を超えないために栓に連動した浮きが取り付けてある。水の流入速度は，最高水位と溜まった水の水位の差に比例すると仮定して，時間とともに溜まる水の水位をシミュレーションしたい。次の例のように，□がモデルの要素，○が計算を表し，アにXの計算をするとイになることを表す図的モデルを使って，図2のようなモデルを作成した。以下の問いに答えなさい。なお，浮きの大きさは無視する。

図1

例) ア →(X)→ イ

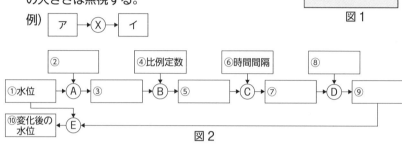

図2

(1) 図2の要素②③⑤⑦⑧⑨に適当なものを下から選んで，記号で答えなさい。

a. 容器の断面積　b. 最高水位　　c. 水位の差
d. 水位の変化量　e. 流入した水量　f. 流入速度

(2) 図2の計算A〜Eに適当な式を，①〜⑩と算術演算子を使って書きなさい。

(3) 次の図は，表計算ソフトウェアを使ったシミュレーションの様子である。セルA〜Dに適当な式を書きなさい。

	A	B	C	D	E	F	G
1							
2			②		④比例定数	⑥時間間隔	⑧
3			30		50	1	200
4							
5		経過時間[秒]	①水位	③	⑤	⑦	⑨
6		0	0	A	B		C
7		1	D				
8		2					

(4) 次のグラフは(3)のシミュレーションの結果である。①の推移として正しいグラフをア〜カから選び，記号で答えなさい。

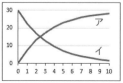
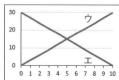
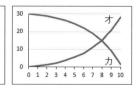

解答欄

(1) ②

③

⑤

⑦

⑧

⑨

(2) A

B

C

D

E

(3) A

B

C

D

(4)

Tips 問題1の図2ように，要素①の結果得られた要素⑤が，原因である①に影響を与えるような調整方法をフィードバック制御という。

2 **箱の積み方** 次の図のように箱を積んでいく時，必要な箱の数をシミュレーションしたい。以下の問いに答えなさい。

(1) 1段目（最下段）の数をnとするとき，2段目の箱の数をnで表しなさい。

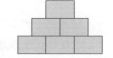

(2) 1段目の箱の数をnとするとき，最上段は何段目になるか。nで表しなさい。

(3) 次の図は，1段目の箱の数を5個として，表計算ソフトウェアでこのシミュレーションを行っている様子である。ア，イのセルに入る数式を書きなさい。

(4) 最上段まで積んだ時，箱の総数は何個か。

	A	B	C	D
1				
2		段	箱の数	合計
3		1		5	5
4		2		
5		3	ア	
6		4		イ
7		5		

(5) 表の段数を必要数以上に用意しておく場合，箱の数が負の数にならないための場合分けが必要になる。IF関数を使ってアのセルに入る式を書きなさい。

(6) この表を使ってシミュレーションできるモデルを下の中から選びなさい。

ア．ピラミッドを作るのに必要な石の最大数

イ．トーナメント方式による試合の最大数

ウ．トランプタワーを立てるのに必要なトランプの枚数

3 ◆**作業の図的モデル** 次の例は，○が状態，→が作業を表し，状態①から②にする作業 x に作業時間が3時間かかることを表している。

例)

あるプロジェクトを完成するのに，図1のような作業が必要だった。作業ア〜クは，次の表の作業 a 〜 h のいずれかである。また，

図1

表の前作業は，作業を行うために直前に行わなければならない作業を表している。以下の問いに答えなさい。

作業	前作業	作業時間	作業	前作業	作業時間
a	なし	2	e	a	5
b	なし	3	f	e, d	3
c	b	5	g	c	3
d	b	6	h	f, g	4

(1) ア〜クに当てはまる作業を a 〜 h の中から選び，記号で答えなさい。

(2) このプロジェクトにかかる作業時間の合計は最低何時間か。

(3) 途中でトラブルが発生し，次の作業が3時間遅れた場合，全体の遅れは何時間になるか。

A．作業イ　　B．作業ウ　　C．作業オ

---

(1)

(2)

(3)ア

イ

(4)

(5)

(6)

💡ヒント

条件分岐：
＝IF（条件，条件が真の場合，条件が偽の場合）

ア

イ

ウ

(1)ア　　イ

ウ　　エ

オ　　カ

キ　　ク

(2)

(3) A

B

C

AD　確率的モデルのシミュレーション 教科書 p.126～p.127

1 **確率的モデル**　5つのコインを投げた時，3枚以上が表になる確率を求めたい。次の図は表計算ソフトウェアを使ってシミュレーションを行った様子である。以下の問いに答えなさい。

	A	B	C	D	E	F	G	H	I	J	K
1											
2		回数	コインA	コインB	コインC	コインD	コインE	合計		試行回数	50
3		1	0	0	1	0	1	2		3以上の回数	21
4		2	1	0	0	0	1	2		確率	0.42
5		3	1	1	1	0	1	4			
51		49	0	1	0	1	1	3			
52		50	0	0	0	1	1	2			

(1) セル C3 には，乱数を使ってコインが表なら1，裏なら0になる式が入力されている。入力されている式を書きなさい。

(2) セル H3 では，1回の試行で出た表の枚数を関数を使って合計する式が入力されている。入力されている式を書きなさい。

(3) セル K2 は，合計の列を使ってコインを投げた回数を関数を使って求める式が入力されている。入力されている式を書きなさい。

(4) セル K3 は，合計の列を使って投げたコインが3枚以上表になった回数を関数を使って求める式が入力されている。入力されている式を書きなさい。

(5) 試行回数を増やすとセル K4 の値はある値に近づく。この値を何というか。

(6) (5)は数学的な計算でも次のように求めることができる。次の文中のア～オに入る数値を答えなさい。小数については小数第2位まで答えなさい。

　5枚のコインを投げるとき，表と裏の出方は全部で（ア）通り。そのうち，5枚中5枚，4枚，3枚が表になる場合の数はそれぞれ（イ）通り，（ウ）通り，（エ）通りだから，5枚中3枚以上表になる確率は（オ）になる。

2 **円周率の計算**　図のように X（Y）軸に－1～1の範囲に乱数を使って100個の点を打ち，原点を中心とする半径1の円内に入るかを調べた。以下の問いに答えなさい。

(1) 乱数を用いたこのような方法を何というか。

(2) セル C3，I2，I3 に入力されている式を書きなさい。

	A	B	C	D	E	F	G	H	I	J
1										
2		回	X	Y	距離	円内		円内に入る確率	0.79	
3		1	0.747	0.735	1.048	0		円の面積	3.16	
4		2	0.770	-0.084	0.775	1		円周率	3.16	
5		3	-0.673	-0.216	0.707	1				
6		4	0.999	-0.542	1.136	0				
7		5	-0.075	-0.685	0.689	1				
8		6	0.358	0.749	0.830	1				
9		7	0.538	0.598	0.804	1				
10		8	0.722	0.445	0.848	1				
11		9	-0.855	-0.109	0.862	1				
12		10	0.217	-0.110	0.243	1				
13		11	0.810	0.157	0.825	1				
102		100	0.789	0.369	0.871	1				

解答欄

(1)

(2)

(3)

(4)

(5)

(6) ア　　　イ
　　　ウ　　　エ
　　　オ

(1)

(2) C3：

I2：

I3：

!Tips- 問題2と同じ原理で，理科実験において均質な紙に円のグラフを描いて切り取り，正方形の紙と質量を比較することでグラフの面積を求める手法がある。

3 ◆**交通渋滞** 次の文章を読んで，以下の問いに答えなさい。

　ある交差点に設置された信号で，1時間に発生する渋滞の回数をシミュレーションしたい。条件は次のとおりとする。

・最初の段階で信号待ちしていた車はいなかった。

・信号は1分間隔で青と赤が入れ替わる。

・1分間に交差点に来る車の台数は 0 ～ 20 台の一様乱数である。

・信号が青の間に交差点を通過できる車は 20 台である。

・同じ車が2回以上信号待ちをした場合を「渋滞が発生した」とする。

　この問題を図1のようにモデル化し，図2のように表計算ソフトウェアでシミュレーションを行った。以下の問いに答えなさい。

　なお，使用した図的モデルは，□がモデルの要素，○が計算を表し，アに⊗の計算をするとイになることを表している。

例)

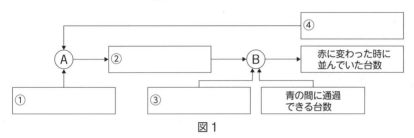

図1

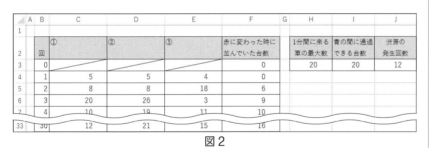

図2

(1)図1の①②③④に適当な語句を下から選んで，記号で答えなさい。

　ア．青に変わった時に並んでいた台数

　イ．青の間に交差点に来た台数

　ウ．赤の間に交差点に来た台数

　エ．前回赤に変わった時に並んでいた台数

(2)図2の下記のセルには次のような式が入力されている。式の中のア～エに適当な式を書きなさい。

　C4:　=INT(RAND() * (ア))

　D4:　= イ

　F4:　=IF(ウ >0, ウ ,0)

　J3:　=COUNTIF(エ ,">"& オ)

(1)① 　　②

　③ 　　④

(2)ア

イ

ウ

エ

オ

章末問題

p.102，口絵 p.8

1 グラフとその用途 次のグラフ(1)〜(5)について，グラフの名称を語群 1 から，その用途として最適なものを語群 2 から選んで記号で答えなさい。

名称	，	用途
(1)	，	
(2)	，	
(3)	，	
(4)	，	
(5)	，	

(1)
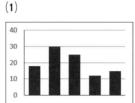

(2)
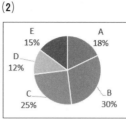

(3)
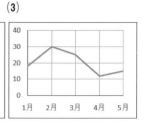

(4)
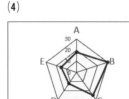

(5)
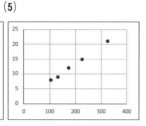

＜語群 1 ＞………………………………………………………………………………

ア． レーダーチャート **イ．** 折れ線グラフ **ウ．** 円グラフ

エ． 散布図（相関図） **オ．** 棒グラフ **カ．** 帯グラフ

＜語群 2 ＞………………………………………………………………………………

A. 売り上げの多い月と少ない月を見たい。

B. 販売した全商品の中でそれぞれの商品が占める割合を見たい。

C. 生産量と生じた不良品の数の傾向を見たい。

D. 商品に関して複数の評価項目を設定し，それぞれの達成度を見たい。

E. 月ごとの売り上げの変化を見たい。

p.104，p.105

2 統計量とグラフ 次のグラフは同じデータ数の集団の分布を表している。表の A のグラフが点線で表されているものとすると，(1)〜(3) に該当するグラフはどれか。ア〜カの記号で答えなさい。

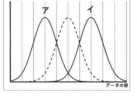
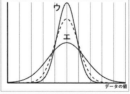
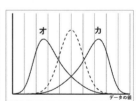

記号	A	(1)	(2)	(3)
平均値	0.0	0.0	− 2.0	2.0
標準偏差	1.0	0.8	1.0	2.1
中央値	0.0	0.0	− 2.0	2.6

(1)

(2)

(3)

3 **回帰分析**　次の図は，ある年の県の人口（X）と自家用車保有台数（Y）を表した散布図である。以下の問いに答えなさい。

p.117

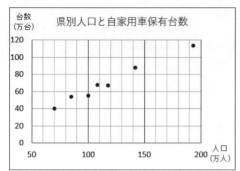

	a	b
ア	0.40	0
イ	0.40	30
ウ	0.40	40
エ	0.60	0
オ	0.60	30
カ	0.60	40

(1) このデータの回帰直線を Y = aX ＋ b とするとき，a，b に適当な値を表の中から選んでア～カの記号で答えなさい。

(2) 人口が 135 万人の県の自家用車の保有台数は何万台と推定されるか。

(3) 保有台数が 45 万台の県の人口は何万人と推定されるか。

(1) _____

(2) _____

(3) _____

4 **モデル化とシミュレーション**　次の例は□がモデルの要素，○が計算を表し，アに⊗の計算をするとイになることを表している。これを用いて表した図 1 は，牧場の牛と草の量を表したモデルである。ただし，要素②と④は定数とする。以下の問いに答えなさい。

p.125

例)　ア → ⊗ → イ

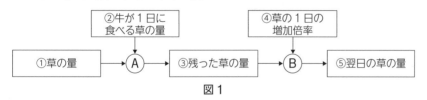

図1

(1) A と B で行われる計算の式を，要素①～⑤を使って表しなさい。

(2) 図 2 は，表計算ソフトウェアを使ってこのモデルのシミュレーションを行っている様子である。図中の a ～ c に入力する式を書きなさい。

(3) この条件の下で，草が足りなくなるのは何日目か。

(4) 草が不足しないようにするには，最初の草の量がいくら以上必要か。

(1) A _____

　　B _____

(2) a _____

　　b _____

　　c _____

(3) _____

(4) _____

	A	B	C	D	E	F
1						
2		日数	①草の量	②牛が1日に食べる草の量	③残った草の量	④草の1日の増加倍率
3		1	1000	400	a	1.2
4		2	b	c		
5		3				
6		4				
7		5				

図2

30 アルゴリズムとプログラミング 教科書 p.130 ～ p.133

POINT

1. アルゴリズムとプログラミング

（①　　　　　　　）…問題を解決するための方法や手順。

（②　　　　　　　）…コンピュータに命令を指示する言語を用いて表したもの。

（③　　　　　　　）…①を視覚的にわかりやすく表現した図。

2. プログラミング言語

プログラミング言語とは，コンピュータに対して動作手順などを適切に指示するために用いられる人工的に構成された言語体系である。コンパイラやインタプリタで機械語に変換して実行される。

3. プログラムの処理の流れ

多くのプログラムは，値の入力があって，その値を使った演算を行い，結果を出力する処理の流れで構成される。

4. プログラミングの流れ

プログラミングの工程は，（④　　　　　　　）の手順を考え，それを任意のプログラミング言語で記述し，コンピュータで（⑤　　　　）する。

5. さまざまなエラー

（⑥　　　　　　　）…文法上のミスによって機械語に変換できないエラー。

（⑦　　　　　　　）…プログラムの実行中の誤りが原因で途中で止まるエラー。

（⑧　　　　　　　）…正しい結果が得られないエラー。

---

1 **アルゴリズムとプログラミング**　次の表のフローチャートで用いられる記号の内容を選択肢から選び，答えなさい。

(1)

(2)

(3)

(4)

(5)

(6)

名称	記号	内容
端子	（楕円）	(1)
処理	（長方形）	(2)
判断	（ひし形）	(3)
ループ端	（上向き台形）	(4)
	（下向き台形）	(5)
線	（矢印）	(6)

選択肢

ア．演算などを行う

イ．処理の流れ

ウ．繰り返しの終了

エ．データの入出力

オ．繰り返しの開始

カ．条件による分岐

キ．開始と終了

(1)

(2)

(3)

(4)

(5)

(6)

2 **プログラミング言語**　次の表のプログラミング言語の分類について，種類の名称を答えなさい。

分類方法	種類	特徴
表現方法による分類	(1)	文字で表現する言語
	(2)	ブロックなど図形で表現する言語
変換方式による分類	(3)	一括して機械語に変換し実行する言語
	(4)	1行ずつ機械語に変換し実行する言語
実行場所による分類	(5)	クライアント側で実行される言語
	(6)	サーバ側で実行される言語

!Tips 最初に開発された高級言語は，1957年にジョン・バッカスらによって開発されたFORTRANで，科学技術計算に向いた手続き型言語である。

3 アルゴリズムとフローチャート 洗濯物を洗濯表示に従って仕分けして洗濯機に入れ，洗濯を開始するまでのアルゴリズムをフローチャートに表す。この時，(1) から (6) には，選択肢から当てはまるものを記号で選びなさい。また，A，B には Yes または No のうち当てはまるものを答えなさい。

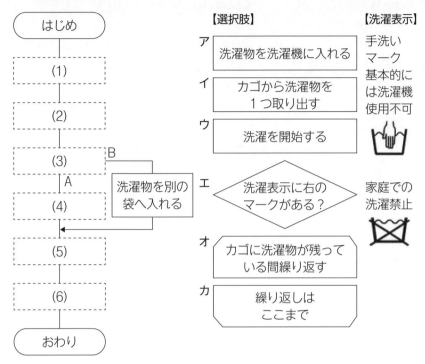

【選択肢】

ア 洗濯物を洗濯機に入れる

イ カゴから洗濯物を1つ取り出す

ウ 洗濯を開始する

エ 洗濯表示に右のマークがある？

オ カゴに洗濯物が残っている間繰り返す

カ 繰り返しはここまで

【洗濯表示】

手洗いマーク
基本的には洗濯機使用不可

家庭での洗濯禁止

(1)
(2)
(3)
(4)
(5)
(6)
A
B

4 さまざまなエラー 次の(1)～(3)のエラーについて，エラーに対する修正方法を選択肢から選びなさい。

(1) 構文エラー

(2) 実行時エラー

(3) 論理エラー

(1)
(2)
(3)

選択肢

ア．正しい結果が得られない理由を考えて，正しく結果が得られるように修正する。

イ．スペルや演算子などについて，プログラミング言語の文法上のミスを修正する。

ウ．変数が割り算で0で割るなどの計算ができない値になっていないか調べて，計算できないときには計算しないようにする。

31 プログラミングの基本 教科書 p.134〜p.137

POINT

1. プログラムの作成方法
JavaScript によるプログラムは，HTML ファイル内の ＜script＞ と ＜/script＞ の間に記述する。

2. プログラムの基本構造
（①　　　　　）…上から下へ記述された順に処理を実行する。

（②　　　　　）…条件が真の時と偽の時とで処理を変えて実行する。

（③　　　　　）…条件が真の間，ループの始端と終端の間にある処理を繰り返し実行する。

3. プログラム作成上の基本ルール
・文の終わりには（④　　　　　　　）を付ける。

・文の途中で改行してもよいが，単語の途中で改行するとエラーになる。

4. 演算子
各種の演算を表す記号で，代入演算子，算術・結合演算子，比較演算子などがある。

5. 変数
（⑤　　　　）…数値などのデータを保管する箱のようなもの。

---

1 プログラムの基本構造 順次構造，選択構造，反復構造について，フローチャートとプログラムの記述方法を選択肢から最も適切なものを選んで答えなさい。

フローチャート

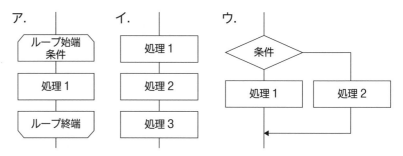

プログラムの記述方法

```
a. if( 条件 ){          b. 処理 1;
       処理 1;              処理 2;
   }else{                  処理 3;
       処理 2;
   }

c. for( 初期設定 ; 条件 ; 再設定 ){
       処理 1;
   }
```

順次構造
フローチャート…＿＿＿＿＿
プログラム　　…＿＿＿＿＿

選択構造
フローチャート…＿＿＿＿＿
プログラム　　…＿＿＿＿＿

反復構造
フローチャート…＿＿＿＿＿
プログラム　　…＿＿＿＿＿

！Tips 変数は英語で variable といい，可変のものという意味をもつ。JavaScript で変数宣言に用いられる var は variable の略である。

2 選択構造のプログラム 入力した数値が奇数の場合は「奇数」と表示し，偶数の場合は「偶数」と表示するプログラムになるように空欄をうめなさい。

```
___ア___ a = ___イ___ (prompt(' 数値の入力 ',''));
___ウ___ ( ___エ___ ){
    alert(a + ' は偶数です ');
} ___オ___ {
    alert(a + ' は奇数です ');
}
```

ア _____
イ _____
ウ _____
エ _____
オ _____

3 反復構造 5 から 1 までの順に Web ブラウザに表示するプログラムになるように空欄をうめなさい。

```
var i = ___ア___ ;
while(i ___イ___ 0){
    document.write( i + '<br>');
    i = ___ウ___ ;
}
```

ア _____
イ _____
ウ _____

4 ◆プログラムの基本構造 1 から 99 の整数の中にある 3 の倍数の総和を表示するプログラムになるように空欄をうめなさい。

```
var s = ___ア___ ;
for(var i = 1; i ___イ___ 99; i++ ){
    if ( ___ウ___ == 0){
        s = ___エ___ ;
    }
}
alert(s);
```

このプログラムの i の初期値を 3，増分を 3 にすると，次のように書くこともできる。

```
var s = ___オ___ ;
for(var i = ___カ___ ; i ___キ___ 99; i = ___ク___ )
{
    s = ___ケ___ ;
}
alert(s);
```

ア _____
イ _____
ウ _____
エ _____
オ _____
カ _____
キ _____
ク _____
ケ _____

32 | 配列 教科書 p.138〜p.139

1. 配列

複数の値を1つの名前によって管理する仕組みを配列という。

（①　　　）…配列の中の各変数。

添字…①の番号。

（②　　　　　）…配列の①を1つの添字で指定する配列。

（③　　　　　）…配列の①を2つの添字で指定する配列。

一次元配列の宣言と要素を追加する方法

(1) 空の配列を宣言し，要素を追加する。

(2) push を使う方法。

(3) 宣言と要素の代入を同時に行う方法。

一次元配列の要素を指定する方法

・a[i] のように指定する。

二次元配列の要素を指定する方法

・a[i][j] のように指定する。

---

1 一次元配列 次のア〜エのプログラムを実行した時に表示される値を答えなさい。

ア
```
var a = [ ];
a[0] = 13;
a[1] = 29;
document.write(a[1]);
```

イ
```
var a = [ ];
a.push(17);
a.push(43);
document.write(a[0]);
```

ウ
```
var a = [ 5, 17, 22 ];
document.write(a[2]);
```

エ
```
var a = [ 32, 11, 26 ];
a[1] = a[1] + 10;
document.write(a[1]);
```

ア＿＿＿＿
イ＿＿＿＿
ウ＿＿＿＿
エ＿＿＿＿

2 二次元配列 右図のように Web ブラウザに表示するプログラムになるように，空欄をうめなさい。

```
var a =
[
  [ 'A', 'B', 'C', 'D' ],
  [ 'E', 'F', 'G', 'H' ]
];
for(var i = 0; i < ___ア___ ; ___イ___ ){
    for(var j = 0; j < ___ウ___ ; ___エ___ ){
        document.write( ___オ___ + ' ');
    }
    document.write('<br>');
}
```

出力
```
A B C D
E F G H
```

ア＿＿＿＿
イ＿＿＿＿
ウ＿＿＿＿
エ＿＿＿＿
オ＿＿＿＿

Tips JavaScript の配列では最初の要素を「0番目」としているが，FORTRAN や COBOL などのように「1番目」とする言語もある。

3 ◆**二次元配列** 変数 a には，右図の得点部分が二次元配列として代入されており，教科ごとの合計点を求めて Web ブラウザに表示するプログラムを作成する。この時，プログラム中の空欄に当てはまるものを答えなさい。

```
var a =
[
  [ 60, 85, 70 ],
  [ 55, 75, 65 ],
  [ 70, 60, 65 ],
  [ 80, 50, 75 ],
  [ 65, 70, 85 ],
];
var kokugo = 0, sugaku = 0, eigo = 0;
for( var i = 0 ; i < ___ア___ ; i++ ){
    kokugo = ___イ___ ;
    sugaku = ___ウ___ ;
    eigo = ___エ___ ;
}
document.write(' 国語の合計点 =' + kokugo + '<br>');
document.write(' 数学の合計点 =' + sugaku + '<br>');
document.write(' 英語の合計点 =' + eigo + '<br>');
```

名前	国語	数学	英語
田中	60	85	70
鈴木	55	75	65
藤原	70	60	65
加藤	80	50	75
渡辺	65	70	85

ア＿＿＿＿＿＿＿
イ＿＿＿＿＿＿＿
ウ＿＿＿＿＿＿＿
エ＿＿＿＿＿＿＿

💡ヒント

国語の得点は a[0][0]，a[1][0]，a[2][0]，a[3][0]，a[4][0] に代入されている。
数学，英語についても同様に要素の添字がどのような値になっているか調べて考える。

4 ◆**配列への数値の複数入力** 整数である数値を半角の「,」で区切りながらキーボードから複数入力した時，その数値の最大値を表示するプログラムを作成する。この時，プログラム中の空欄に当てはまるものを答えなさい。

```
var b = ___ア___ (' 数値の複数入力 ','');
var a = b.___イ___ (',');
var max = Number(a[0]);
for(var i = 1; i < ___ウ___ ; i++){
    if(___エ___ < Number(a[i])){
        ___オ___ ;
    }
}
alert(' 最大値は ' + max);
```

ア＿＿＿＿＿＿＿
イ＿＿＿＿＿＿＿
ウ＿＿＿＿＿＿＿
エ＿＿＿＿＿＿＿
オ＿＿＿＿＿＿＿

💡ヒント

i ← 0,1,…, 要素数 -1 のそれぞれの場合について，a[i] までの最大値が max に代入されるようにする。

33 関数 教科書 p.140 ～ p.141

POINT

1. 関数
（① 　　　 ）…定められた一連の処理を定義し，それを呼び出すと一連の処理が実行される仕組み。

（② 　　　　　 ）…プログラミング言語にあらかじめ用意された①。

（③ 　　　　　　 ）…ユーザが作成する①。

2. 関数の定義と呼び出す方法
（④ 　　　 ）…①に引き渡す値。

（⑤ 　　　　 ）…①内で処理した結果を呼び出す側に戻す値。

3. 変数の有効範囲
（⑥ 　　　　　　　 ）…①の外側で var を付けて宣言した変数。

（⑦ 　　　　　　　 ）…①の内側で var を付けて宣言した変数。

---

1 関数 次のプログラムにおいて，関数 area は長方形の面積を求めるものである。プログラム中の空欄に当てはまるものを答えなさい。また，①，②の行が実行されたときに表示される値を答えなさい。

```
function area( tate, yoko ){
    var s = ___ア___ ;
    ___イ___ s;
}
var a = area( 5, 3 );
var b = area( 7, 4 );
alert( a );  // ①
alert( b );  // ②
```

ア _____

イ _____

表示される値

① _____

② _____

2 関数 次のプログラムにおいて，関数 greeting に実引数として，時：分：秒のうち時を与える。関数 greeting は下の表の条件で表示する。また，関数 greeting を戻り値なしの関数として定義する時，プログラム中の空欄に当てはまるものを答えなさい。

仮引数の値	表示
11 未満	おはよう
11 以上 18 未満	こんにちは
18 以上	こんばんは

```
function greeting( hour ){
    if (hour ___ア___ 11){
        alert(' おはよう ');
    } else if (hour ___イ___ 18){
        alert(' こんにちは ');
    } ___ウ___ {
        alert(' こんばんは ');
    }
}
```

ア _____

イ _____

ウ _____

!Tips 関数の中で自分自身を呼び出す関数を再帰関数という。繰り返し呼び出すことを停止する条件を作らないと，無限ループになってしまう。

3 **関数** 次の正方形を描画する関数 box のプログラムを，縦横の■の個数を引数として定義する。この時，プログラム中の空欄に当てはまるものを答えなさい。

```
function box(n){                              表示
    for(var i = 0; i < ___ア___ ; i++){       ■ ■ ■
        for(var j = 0; j < ___イ___ ; j++){   ■ ■ ■
            document.write( ___ウ___ );        ■ ■ ■
        }
        document.write( ___エ___ );
    }
}
box(3);
```

4 **◆関数** 次の三角形を描画する関数 triangle のプログラムを，縦の■の個数を引数として定義する。この時，プログラム中の空欄に当てはまるものを答えなさい。

```
function triangle(n){                          表示
    for(var i = 0; i < ___ア___ ; i++){         ■
        for(var j = 0; j ___イ___ i; j++ ){     ■ ■
            document.write( ___ウ___ );          ■ ■ ■
        }
        document.write( ___エ___ );
    }
}
triangle(3);
```

ア＿＿＿＿＿＿＿
イ＿＿＿＿＿＿＿
ウ＿＿＿＿＿＿＿
エ＿＿＿＿＿＿＿

5 **変数の有効範囲** 次のプログラムの下線部①〜③で表示される数値を答えなさい。

```
function test(x){
    alert(x); // ①
    var x = 6;
    alert(x); // ②
}
var x = 2;
test(4);
alert(x); // ③
```

①＿＿＿＿＿＿＿
②＿＿＿＿＿＿＿
③＿＿＿＿＿＿＿

34 | 探索のプログラム 教科書 p.142〜p.145

POINT

1. 線形探索

（①　　　　）…配列などから目的の値を見つけること。

（②　　　　　　）…端から順に目的の値を探し出すアルゴリズム。

2. 二分探索

（③　　　　　　）…探索範囲を半分に狭めることを繰り返して目的の値を探し出すアルゴリズム。

3. 探索回数の比較

メリット

　線形探索…データを（④　　　　）しなくてもよい。

　二分探索…②より（⑤　　　）探索できる。

平均探索回数（データ数がnのとき）

　線形探索…（⑥　　　　　　　　　）

　二分探索…（⑦　　　　　　　　　）

---

1 線形探索 次の線形探索で探索値を探し，最初に見つかった場所を表示するプログラムの空欄をうめなさい。

```
var a = [16, 23, 31, 48, 52, 65, 79, 84, 97];
var n = a.length;
var msg = ' 番号　データ ¥n';
for (var i = 0; i < n; i++){
    msg = msg + i + '       ' + a[i] + '¥n';
}
alert(msg);
var s = Number(prompt(' 探索値の入力 ', ''));     // ①
for(var i = 0; i < n; ___ア___ ){
    if( ___イ___ == s){
        alert(s + ' は ' + i + ' に存在 ');
        break;
    }
}
```

ア _____
イ _____

ア _____
イ _____
ウ _____
エ _____
オ _____
カ _____
キ _____
ク _____
ケ _____
コ _____
サ _____
シ _____

2 線形探索 1のプログラムにおいて，①の行が実行された時に探索値として「65」を入力した。この時「65」が見つかるまでの変数 i および a[i] の値を下の表にうめなさい。また，「65」が見つかった後の i の値，a[i] の値には「−」を記入しなさい。

i の値	a[i] の値
0	16
ア	イ
ウ	エ
オ	カ
キ	ク
ケ	コ
サ	シ

Tips 方程式の解を求める方法に二分法というものがある。二分探索と同様に解の存在範囲を半分に狭めることを繰り返して，解の近似値を求めることができる。

3 **二分探索**　次の二分探索を行うプログラム中の空欄をうめなさい。

```
var a = [16, 23, 31, 48, 52, 65, 79, 84, 97];
var n = a.length;
var msg = '番号　データ\n';
for (var i = 0; i < n; i++){
    msg = msg + i + '      ' + a[i] + '\n';
}
alert(msg);
var s = Number(prompt('探索値の入力', ''));      // ①
i = 0;
var j = ___ア___;
___イ___ (i ___ウ___ j){
    var m = Math.floor( ___エ___ );
    if ( ___オ___ == s){
        alert(s + 'は' + m + 'に存在');
        break;
    }
    if (a[m] > s){
        ___カ___;
    }else{
        ___キ___;
    }
}
```

ア	
イ	
ウ	
エ	
オ	
カ	
キ	

ア	
イ	
ウ	
エ	
オ	
カ	
キ	
ク	
ケ	
コ	
サ	
シ	

4 **二分探索**　3のプログラムにおいて，①の行が実行された時に探索値として「65」を入力した。この時「65」が見つかるまでの変数 i，j，m および a[m] の値を下の表にうめなさい。また，「65」が見つかったあとの値には「－」を記入しなさい。

i の値	j の値	m の値	a[m] の値
0	8	4	52
ア	イ	ウ	エ
オ	カ	キ	ク
ケ	コ	サ	シ

ア	
イ	
ウ	
エ	

💡**ヒント**

$[\log_2 50]$ を求めるには，$32=2^5, 64=2^6$ を用いて
$2^5 < 50 < 2^6$ となることから $[\log_2 50]=5$ が求まる。
同様に $[\log_2 100]$ を求める。

5 **◆探索回数の比較**　データの数が 100 の時，線形探索と二分探索のそれぞれの場合で，平均探索回数と最大探索回数を求めなさい。

探索の種類	平均探索回数	最大探索回数
線形探索	ア	イ
二分探索	ウ	エ

①探索　②線形探索　③二分探索　④整列　⑤早く　⑥(n＋1)／2　⑦[log₂n]

35 | 整列のプログラム 教科書 p.146 〜 p.149

POINT

1. 交換法による整列

（①　　　　　　）…配列の中の隣り合うデータの大小を比較し交換を行う方法。

2. 選択法による整列

（②　　　　　　）…要素の中から最小（または最大）のものを見つけ出すことを繰り返す方法。

3. 整列における比較回数と交換回数

n 個の要素を整列する場合

・交換法や選択法においての比較回数

（③　　　　　　　　　）回

・最小の交換回数（④　　　）回

・最大の交換回数

（⑤　　　　　　　　）回

---

1 **交換法による整列**　交換法により，[16,49,36,25] を降順（大きい順）に整列する手順を下の表を用いて調べる。この時，㋐〜㋧に当てはまる数値を答えなさい。

㋐　㋑
㋒　㋓
㋔　㋕
㋖　㋗
㋘　㋙
㋚　㋛
㋜　㋝
㋞　㋟
㋠　㋡
㋢　㋣
㋤　㋥
㋦　㋧

a[0]	a[1]	a[2]	a[3]	処理	i	j	a[j]	a[j+1]
16	49	36	25	a[2]とa[3]を比較	0	2	36	25
16	49	36	25	a[1]とa[2]を比較		1	49	36
㋐	㋑	㋒	㋓	a[0]とa[1]を比較		0		
㋔	㋕	㋖	㋗	a[0]が確定				
㋘	㋙	㋚	㋛	a[2]とa[3]を比較	1	2		
㋜	㋝	㋞	㋟	a[1]とa[2]を比較		1		
㋠	㋡	㋢	㋣	a[1]が確定				
㋤	㋥	㋦	㋧	a[2]とa[3]を比較	2	2		
49	36	25	16	a[2]とa[3]が確定				

2 **選択法による整列**　選択法により，[16,49,36,25] を降順（大きい順）に整列する手順を下の表を用いて調べる。この時，㋐〜㋧に当てはまる数値を答えなさい。

㋐　㋑
㋒　㋓
㋔　㋕
㋖　㋗
㋘　㋙
㋚　㋛
㋜　㋝
㋞　㋟
㋠　㋡
㋢　㋣
㋤　㋥
㋦　㋧

a[0]	a[1]	a[2]	a[3]	処理	i	j	a[i]	a[j]
16	49	36	25	a[0]とa[1]を比較	0	1	16	49
49	16	36	25	a[0]とa[2]を比較		2	49	36
㋐	㋑	㋒	㋓	a[0]とa[3]を比較		3		
㋔	㋕	㋖	㋗	a[0]が確定				
㋘	㋙	㋚	㋛	a[1]とa[2]を比較	1	2		
㋜	㋝	㋞	㋟	a[1]とa[3]を比較		3		
㋠	㋡	㋢	㋣	a[1]が確定				
㋤	㋥	㋦	㋧	a[2]とa[3]を比較	2	3		
49	36	25	16	a[2]とa[3]が確定				

Tips 昇順になるまでランダムに並べ替える整列法をボゴソート（bogosort）といい，非常に効率が悪い整列法である。bogo は bogus（偽物）に由来する。

3 **交換法による整列** 交換法で降順（大きい順）に整列するプログラムを次のように作成する。プログラム中の空欄に当てはまるものを答えなさい。

```
var a = [16,49,36,25], n = a.length;
for(var i = 0; i < ___ア___ ; i++){
    for(var j = n-2; j > ___イ___ ; ___ウ___ ){
        if(a[j] < ___エ___ ){
            var temp = a[j];
            a[j] = ___オ___ ;
            a[j+1] = ___カ___ ;
        }
    }
}
var msg = '整列後 \n番号　データ\n';
for(i = 0; i < n; i++){
    msg = msg + i + '　　'+a[i]+ '\n';
}
alert(msg);
```

ア _____
イ _____
ウ _____
エ _____
オ _____
カ _____

4 **選択法による整列** 選択法で降順（大きい順）に整列するプログラムを次のように作成する。プログラム中の空欄に当てはまるものを答えなさい。

```
var a = [16,49,36,25], n = a.length;
for(var i = 0; i < ___ア___ ; i++){
    for(var j = i + 1; j < ___イ___ ; ___ウ___ ){
        if(a[i] < ___エ___ ){
            var temp = a[i];
            a[i] = ___オ___ ;
            a[j] = ___カ___ ;
        }
    }
}
var msg = '整列後 \n番号　データ\n';
for(i = 0; i < n; i++){
    msg = msg + i + '　　'+a[i]+ '\n';
}
alert(msg);
```

ア _____
イ _____
ウ _____
エ _____
オ _____
カ _____

①交換法　②選択法　③n（n−1）／2　④0　⑤n（n−1）／2

AD オブジェクト指向プログラミング 教科書 p.150 〜 p.153

POINT

1. オブジェクト指向プログラミングとその利点

（①　　　　　　　　）プログラミング…処理の流れに沿ってプログラムを作成する方法。

（②　　　　　　　　　　　）プログラミング…関連するデータとそれに対する操作をまとめて1つのモノとして捉えてプログラムを作成する方法。

（③　　　　　　　　）…オブジェクトを構成するデータ。

（④　　　　　　　）…オブジェクトを操作する関数。

2. オブジェクト指向の考え方

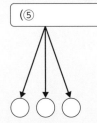

（⑤　　　　　　　　　）…③や④の概念をまとめた設計図。

（⑥　　　　　　　　　　）…⑤をもとに作られたもの。

（⑦　　　　　　　　　　）…⑤をもとに作ること。

3. オブジェクト指向のプログラミングの基礎

ドット演算子を使って⑦内のプロパティやメソッドを扱う。

「オブジェクト名 . プロパティ名」
「オブジェクト名 . メソッド名（引数）」

4. クラスの定義

（⑧　　　　　　　　　　）…⑥を行うときに自動的に呼び出されるメソッド。

「var オブジェクト名 =new クラス名 (引数)」で呼び出せる。

（⑨　　　　　　　　　）…⑤内で宣言されている変数。

（⑩　　　　　　　）メソッド…⑨の値を取得できるメソッド。

「オブジェクト名 . プロパティ名」で呼び出せる。

（⑪　　　　　　　　）メソッド…⑨に値を設定するためのメソッド。

「オブジェクト名 . プロパティ名 = 値 ;」で設定できる。

---

1 **オブジェクト指向プログラミングの基礎** 次の組み込みクラスを使ったプログラムと関連が強い用語を選択肢から選びなさい。

①
```
var r = 4;
var s = Math.PI * r * r;
```

②
```
var start = new Date(), end = new Date();
var keika = end - start;
```

③
```
var dice = Math.floor(Math.random() * 6) + 1;
alert(dice);
```

①　_____
②　_____
③　_____

選択肢　ア．インスタンス化　イ．プロパティ　ウ．メソッド

❶Tips オブジェクト指向プログラミングは，Smalltalk の開発者アラン・ケイと C++ の開発者ビャーネ・ストラウストラップに提唱された系統がある。

2 ◆**クラスの定義とオブジェクトの生成**　下に示すフィールドとメソッドをもち，「値段」のプロパティは取得と設定ができるクラス Shohin を定義するプログラムを作成する。この時，プログラム中の空欄をうめなさい。また，これらの機能を確かめるプログラム中のコメント①〜④の行で表示されるものを答えなさい。

フィールド名	フィールドが表すもの
name	商品名
price	商品の値段

メソッド名	処理
nebiki(wariai)	引数の wariai(%) 値引きをした値段に変更する
hyoji()	「〜の値段は〜円です」とメッセージを表示する

```
class Shohin{
     ア    (namae, kingaku){
        this.name = namae;
        this.price = kingaku;
    }
     イ    nedan(){
        return this.price;
    }
     ウ    nedan(kingaku){
        this.price = kingaku;
    }
    nebiki(wariai){
        this.price = Math.round(
            this.price * (1 - wariai/100));
    }
    hyoji(){
        alert(this.name + ' の値段は '
            + this.price + ' 円です ');
    }
}
var bento = new Shohin(' 弁当 ', 400);
var ocha = new Shohin(' お茶 ', 150);
bento.hyoji();                      // ①
ocha.hyoji();                       // ②
ocha.nedan = 130;
bento.nebiki(30);
bento.hyoji();                      // ③
alert(ocha.nedan);                  // ④
```

プログラム
ア _____
イ _____
ウ _____

表示されるもの
① _____
_____
② _____
③ _____
④ _____

Math.round（引数）は四捨五入をする組み込みメソッドである。

AD プログラムの設計手法 教科書 p.154〜p.157

1. プログラムの構造や振る舞いの図示

（① 　　　　　　　　　　　）…データ構造や処理の流れなどソフトウェアに関連するさまざまな設計や機能を図示するための表記法。

システムの構造を表す構造図

　　例）クラス図やオブジェクト図など

動作や変化などを表す振る舞い図

　　例）状態遷移図やアクティビティ図など

2. 状態遷移図と状態遷移表

（② 　　　　　　　　）…ある状態から別の状態に変化すること。

状態遷移図…②を図形式にしたもの。

状態遷移表…②を表形式にしたもの。

3. クラス図

（③ 　　　　　　　　）…クラスの構造やクラス間でのデータのやり取りを表現する図。

1　状態遷移図と状態遷移表 次のような状態遷移表となるストップウォッチについて，状態遷移図の空欄に当てはまるものを選択肢から選び答えなさい。

イベント ＼ 状態	待機中	計測中	一時停止中
スタート・ストップボタンを押す	秒数を増やす	秒数を停止する	秒数を増やす
	計測中	一時停止中	計測中
リセットボタンを押す			秒数を0にする
			待機中

ア
イ
ウ
エ
オ
カ
キ
ク
ケ
コ
サ
シ

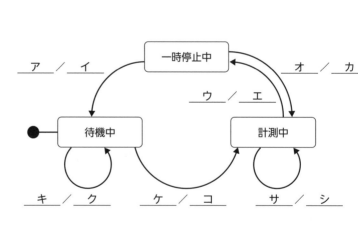

選択肢
①スタート・ストップボタンを押す　②リセットボタンを押す
③秒数を増やす　　④秒数を停止する　　⑤秒数を0にする
⑥何もしない

Tips 状態遷移図は振る舞いを表すだけでなく，プログラミング言語をifやfor，変数などの要素に分解する字句解析を考える際にも用いられる。

2 ◆**状態遷移図とプログラム**　問題**1**のストップウォッチを模擬的に実現するプログラムを作成する。この時，空欄に当てはまるものを答えなさい。

```
function start(){
    if (state == '待機中' || state == '一時停止中'){
        state = ___ア___ ;
    }else if (state == '計測中'){
        state = ___イ___ ;
    }
}
function reset(){
    if (state == '一時停止中'){
        state = ___ウ___ ;
        time = ___エ___ ;
    }
}
var state = '待機中';
var time = 0;
while(true){
    button = prompt('s:スタート・ストップボタン, '
                    + 'r:リセットボタン, 他のキー:何もしない,'
                    + '入力なし:終了', '');
    if (button == ___オ___ ){
        start();
    }else if (button == ___カ___ ){
        reset();
    }else if (button == ''){
        break;
    }
    if (state == '計測中'){
        time = time + 1;
    }
    alert(time + '秒　状態:' + state);
}
```

ア＿＿＿＿＿＿
イ＿＿＿＿＿＿
ウ＿＿＿＿＿＿
エ＿＿＿＿＿＿
オ＿＿＿＿＿＿
カ＿＿＿＿＿＿

AD オープンデータの活用 教科書 p.158 〜 p.165

1. プログラムでファイルを扱う方法
（①　　　　　）…各値を半角の「,」で区切って構成されたテキスト形式のデータ。

2. ファイルを扱う方法
ファイルの読み込み…FileReader オブジェクトを用いる。

ファイルの選択…HTML の input 要素を用いる。

ファイルの内容の表示…HTML の div 要素を用いる。

（②　　　　　　　）…「ファイルを選択した」などのイベントが発生した時に関数を実行する処理。

3. キーバリュー型のデータ構造の扱い
（③　　　　　　　）…ビッグデータに対応したデータベース。

（④　　　　　　　）型のデータベース…キー（項目名）とバリュー（値）の組でデータを管理するデータベース。

（⑤　　　　　）…JavaScript で④型のデータを扱うデータ構造。

4. データの可視化
JavaScript でグラフを描くなど可視化するには（⑥　　　　　　）を利用する方法などがある。

---

1 **オープンデータを利用したプログラム**　次のような気象データの CSV ファイルを読み込んで，降水量が観測された場合にその時の日時と降水量を表示するプログラムを作成する。プログラム中の空欄に当てはまるものを答えなさい。なお，`reader.result` には，読み取った文字列が格納されているものとする。

```
2018/6/10 1:00,23.9,0
2018/6/10 2:00,23.2,0
2018/6/10 3:00,23.1,2.5
2018/6/10 4:00,22.9,5.5
```

CSV 形式のファイル
（年月日時, 気温, 降水量の順にカンマで区切られて保存されたファイル）

ア＿＿＿＿＿＿

イ＿＿＿＿＿＿

ウ＿＿＿＿＿＿

エ＿＿＿＿＿＿

```
var txt = '';
var lines = reader.result.___ア___ ;
for (var i=0 ; i < lines.length - 1; i++){
    var a = ___イ___ ;
    var datetime = ___ウ___ ;
    var kosui = parseFloat( ___エ___ );
    if (kosui > 0){
        txt = txt + datetime + ', ' + a[2] + '¥n';
    }
}
alert(txt);
```

!Tips NoSQL にはキーバリュー型の他にドキュメント型，カラム指向型，グラフ型と呼ばれる種類のデータベースがある。

2 連想配列 連想配列を使って，Web ブラウザに下図のように表示する
プログラムを作成する。この時，空欄に当てはまるものを答えなさい。

```
var a={' 名前 ':' 山本花子 ',
       ' コメント ':{'10/01':' 今週末に会えますか？ ',
                    '10/03':' 大丈夫です。'} };
var name = ___ア___ ;
var comments = ___イ___ ;
document.write(' 名前 : ' + name + '<br>');
for(var key in ___ウ___ ){
    document.write( ___エ___ + ' : '
                    + ___オ___ + '<br>');
}
```

出力
```
名前：山本花子
10/01：今週末に会えますか？
10/03：大丈夫です。
```

ア _____
イ _____
ウ _____
エ _____
オ _____

3 ◆二次元連想配列 二次元連想配列を使って，Web ブラウザに下図の
ように表示するプログラムを作成する。この時，空欄に当てはまるもの
を答えなさい。

```
var a=[{' 名前 ':' 山本花子 ',
        ' コメント ':{'10/01':' 今週末に会えますか？ ',
                     '10/03':' 大丈夫です。'}},
    // 中略
      {' 名前 ':' 田中太郎 ',
       ' コメント ':{'10/02':' いいですよ。駅でいいですか？ '}}
];
for (var i=0; ___ア___ ; i++){
    var name = ___イ___ ;
    var comments = ___ウ___ ;
    document.write(' 名前 : ' + name + '<br>');
    for(var key in ___エ___ ){
        document.write( ___オ___ + ' : '
                        + ___カ___ + '<br>');
    }
}
```

出力
```
名前：山本花子
10/01：今週末に会えますか？
10/03：大丈夫です。
```
```
名前：田中太郎
10/02：いいですよ。駅でいいですか？
```

ア _____
イ _____
ウ _____
エ _____
オ _____
カ _____

AD プログラムによる動的シミュレーション

教科書 p.166 ～ p.169

POINT

1.Web ブラウザに動く図形を表示する方法

（①　　　　　　　） の canvas 要素と Java Script などのプログラミング言語を組み合わせることで，画像や（②　　　　　　　） を使った動的シミュレーションを実現することができる。

setInterval メソッド…（③　　　　　　　）ごとに指定した関数を実行させる。

図形を描画する方法

キャンバスオブジェクトとコンテキストオブジェクトを用いる。

---

1 **Web ブラウザに動く図形を表示するプログラム** 半径 10 で青く塗りつぶした円が 20 ミリ秒ごとに一定の速度 (v=15) で右に移動し，キャンバスの端まで来たら逆向きに移動するプログラムを作成する。この時，プログラム中の空欄に当てはまるものを答えなさい。なお，canvas 要素である mycanvas がキャンバスオブジェクトと同じ大きさで設定してあることとする。

```
function draw(){
    context.clearRect(0, 0,
        canvas.width, canvas.height);
    if (x + v + 10 > canvas.width){
        ___ア___ = -15;
    }else if (x + v - 10 < 0){
        ___イ___ = 15;
    }
    x = ___ウ___ ;
    context.beginPath();
    context. ___エ___ (x, 30, 10,
                        0, 2 * Math.PI, false);
    context.closePath();
    context.fillStyle = 'rgb(0, 0, 255)';
    context.fill();
}
var canvas = document. ___オ___ ('mycanvas');
var context = canvas. ___カ___ ('2d');
var timerID = ___キ___ ('draw()', 20);
canvas.width = 500,canvas.height=100;
var x = 10, v = 15;
```

ア _____
イ _____
ウ _____
エ _____
オ _____
カ _____
キ _____

実行結果

左端に来たら　右向きに変える

右端に来たら　左向きに変える

!Tips HTML5 は 2014 年に W3C から勧告された。W3C ホストは世界に 4 か所設置されており，日本の慶応義塾大学・アメリカ・フランス・中国にある。

2 **放物運動のモデル化とシミュレーション** 物体の初期位置を (x_0, y_0)，初速度の大きさを v_0，仰角を θ にして投げ上げる時の物体の動きは，次の数式によりモデル化される。それぞれの数式モデルに対応するプログラムについて，空欄に当てはまるものを答えなさい。

初期設定部分

数式モデル・説明	プログラム
x 方向の初期位置 x_0 (canvas から計算)	`x0 = canvas.width/ 4;`
y 方向の初期位置 y_0 (canvas から計算)	`y0 = 3 * canvas.height / 4;`
初期時刻 t_0	`t0 = 0.0;`
微小時間 dt= Δt=0.1	`dt = 0.1;`
重力加速度 g=9.8	`g = 9.8;`
初速度の大きさ v_0 (実行時に入力)	`v0 = Number(prompt(` `' 初速度の大きさを入力 ',''));`
仰角 $degrees$= θ (実行時に入力)	`degrees = Number(prompt(` `' 角度を入力 ',''));`
x 方向の初速度 $v_x(0)=v_{x0}=v_0 \cos \theta$	`vx0 = v0 * ___ア___ (` `___イ___ * Math.PI / 180);`
y 方向の初速度 $v_y(0)=v_{y0}=v_0 \sin \theta$	`vy0 = v0 * ___ウ___ (` `___エ___ * Math.PI / 180);`

ア _____
イ _____
ウ _____
エ _____

描画部分

数式モデル・説明	プログラム
x 方向の速度 $v_x(t+ \Delta t)=v_{x0}$	変化しないので対応するプログラムはない (`vx0`)
時刻 t における y 方向の速度 $v_1=v_y(t)$	`v1 = vy;`
時刻 $t+ \Delta t$ における y 方向の速度 $v_2=v_y(t+ \Delta t)=v_y(t)-g \Delta t$	`v2 = vy - ___オ___ ;`
x 方向の位置 $x(t+ \Delta t)=x(t)+v_{x0} \Delta t$	`x = x + ___カ___ ;`
y 方向の位置 $y(t+ \Delta t)=y(t)+\frac{1}{2} \{(v_1+v_2)\} \Delta t$	`y = y + ___キ___ ;`
時刻は t から $t+ \Delta t$ に変化する	`t = ___ク___ ;`

オ _____
カ _____
キ _____
ク _____

AD　計測・制御とプログラミング　教科書 p.170～p.173

1. 計測・制御

（①　　　　）…装置を使って温度などの量を測ること。

（②　　　　）…ある目的に適合するように装置などを動作させること。

（③　　　　）…温度や光などを検知し，電気信号に変換する装置。

（④　　　　）…電気信号などを物理的な運動に変換する装置。

2. コンピュータによる計測・制御

（⑤　　　　）…センサなどの外部装置からコンピュータに電気信号を入れる窓口。

（⑥　　　　）…コンピュータからアクチュエータなどの外部装置に電気信号を出す窓口。

（⑦　　　　）…アナログをデジタルに変換するハードウェア。

（⑧　　　　）…デジタルをアナログに変換するハードウェア。

1 **計測・制御のためのプログラミングの基本**　次のア～エの図は，デジタル入力，デジタル出力，アナログ入力，アナログ出力のいずれになっているか答えなさい。ただし，図中のコンバータは省略されている。

ア.
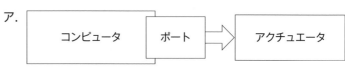
一定範囲の整数のデータを一定範囲の電圧に変換してポートに出力する

イ.
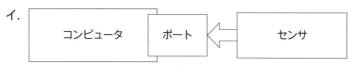
ポートに供給された二値の電圧を二値の整数のデータとして取得する

ウ.

ポートに供給された一定範囲の電圧を一定範囲の整数のデータとして取得する

エ.
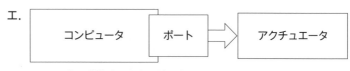
二値の整数データを二値の電圧に変換してポートに出力する

ア＿＿＿＿
イ＿＿＿＿
ウ＿＿＿＿
エ＿＿＿＿

ヒント

コンピュータに対するデータの向きとそのデータがとる値に着目して考える

Tips 回転速度や回転位置を制御できるサーボモータというものがある。サーボはラテン語の Servus（奴隷）が由来で，忠実に動作することを意味する。

2 **アナログ入力プログラム**　温度センサからの入力される電圧の最大値が V_m=3.3V，コンピュータに入力され AD コンバータにより変換されたデジタル値の最大値が D_m=1023 である。また，温度が t（℃）の時の温度センサから AD コンバータの入力電圧 V とデジタル値 D の関係が以下の数式で示されることがわかっている時，表の空欄に当てはまる数値を答えなさい。

$$V=0.01t+0.6$$

$$V=\frac{3.3D}{1023}$$

温度 t（℃）	入力電圧 V	デジタル値 D
10	ア	イ
ウ	エ	279
オ	1.1	カ

3 **アナログ入力とデジタル出力プログラム**　問題**2**の温度センサをアナログ入力ポート P2 に接続し，LED をデジタル出力ポート P0 に接続する。P0 に 1 を出力すると LED が点灯し，0 を出力すると消灯する。室温が 18℃未満の場合は LED が点灯し，そうでない場合は消灯する下のプログラムのア～カの空欄に当てはまるものを選択肢から選び答えなさい。また，Ⓐに当てはまる条件を答えなさい。

```
let val = 0;
basic.forever(function() {
    val = Math.floor(330 *
      pins.___ア___ ( ___イ___ ) / 1023 - 60 );
    if ( ___Ⓐ___ ) {
        pins.___ウ___ ( ___エ___ , 1);
    }else{
        pins.___オ___ ( ___カ___ , 0);
    }
})
```

選択肢

① AnalogPin.P0　　② DigitalPin.P0　　③ AnalogPin.P2

④ DigitalPin.P2　　⑤ analogReadPin　　⑥ analogWritePin

⑦ digitalReadPin　　⑧ digitalWritePin

ア
イ
ウ
エ
オ
カ

ア
イ
ウ
エ
オ
カ
条件
Ⓐ

p.130 〜 p.137

1 プログラムの基本構造 入力した整数値が素数であるかを判定する。この時，次の問いに答えなさい。

(1) 右図は，入力した整数値が素数であるか判定する処理を示すフローチャートである。フローチャート中の空欄A〜Dをうめなさい。

(2) 次のプログラムは，右のフローチャートをJavaScriptに直したものである。プログラム中の空欄ア〜エをうめなさい。

```
var a = Number(prompt('数値を入力',''));
var b = ' 素数である ';
for (var i =    ア    ; i <    イ    ; i++){
    if (   ウ    == 0){
        b = '   エ   ';
    }
}
alert(b);
```

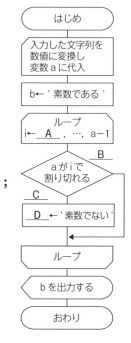

- はじめ
- 入力した文字列を数値に変換し変数aに代入
- b← ' 素数である '
- ループ i← A , …, a−1
- a が i で割り切れる — B
- C
- D ← ' 素数でない '
- ループ
- b を出力する
- おわり

(1)
A _____
B _____
C _____
D _____

(2)
ア _____
イ _____
ウ _____
エ _____

p.138 〜 p.139

2 配列 一次元配列 a[0] から a[i] までの合計が 100 未満となるような最大の i を探すプログラムを考える。この時，プログラム中の空欄をうめなさい。また，このプログラムの出力は修正前のように誤りが生じている。これを修正するために『i = i − 1;』をどの行の前に追加すればよいか答えなさい。

```
① var a = [24,19,33,15,21,18,42];
② var s = 0;
③ var i = 0;
④     ア    (s + a[i] < 100){
⑤     s =    イ    ;
⑥     i =    ウ    ;
⑦ }
⑧ alert('a[0] から a[' + i +'] までの和は ' + s);
```

ア _____
イ _____
ウ _____

修正方法
____ の行の前に追加

実行結果

修正前 | a[0] から a[4] までの和は 91

正しい結果 | a[0] から a[3] までの和は 91

3 ◆関数　次の文章を読んで，以下の問いに答えなさい。　p.140～p.141

関数が自分自身を呼び出すことを再帰呼び出しという。次のプログラム
は，関数 f の中から関数 f を呼び出している再帰呼び出しのプログラ
ムである。if 文の条件が真の時に再帰呼び出しを終了し，偽の時には
再帰呼び出しを繰り返す。

(1)プログラム中の⑧，⑧，⑥の行で出力される値を答えなさい。

```
function f(n){
    if (n==0 || n==1){
        return n;
    } else {
        return f(n-2) + f(n-1);   // ☆
    }
}
alert(f(1));   // Ⓐ
alert(f(3));   // Ⓑ
alert(f(6));   // Ⓒ
```

(1)
Ⓐ ＿＿＿＿＿＿
Ⓑ ＿＿＿＿＿＿
Ⓒ ＿＿＿＿＿＿

(2)上のプログラムを再帰呼び出しを行わないで同じ値を返す関数 f2 を
作成した。この時，プログラム中の空欄に当てはまるものを答えなさい。

```
function f2(n){
    var a = ___ア___ ;
    var b = 1;
    for (var i = 0; i < n; i++){
        var temp = a;
        a = b;
        b = a + ___イ___ ;
    }
    return a;
}
```

(2)
ア ＿＿＿＿＿＿
イ ＿＿＿＿＿＿

ヒント

f2(0) の値は 0 であ
ることからアが決ま
る。イは (1) のプログ
ラムの☆印の行と比較
して考える。

4 探索　「16，23，31，48，52，65，79，84，97」のデータの中から，
「16」，「23」，「52」，「97」を探索する時，線形探索と二分探索のそれ
ぞれのアルゴリズムでの探索回数を答えなさい。　p.142～p.145

探索回数

データ	線形探索での探索回数	二分探索での探索回数
16	＿＿ア＿＿	＿＿イ＿＿
23	＿＿ウ＿＿	＿＿エ＿＿
52	＿＿オ＿＿	＿＿カ＿＿
97	＿＿キ＿＿	＿＿ク＿＿

ア ＿＿＿＿＿
イ ＿＿＿＿＿
ウ ＿＿＿＿＿
エ ＿＿＿＿＿
オ ＿＿＿＿＿
カ ＿＿＿＿＿
キ ＿＿＿＿＿
ク ＿＿＿＿＿

第 1 章

実習問題 情報社会 教科書 p.4 〜 p.19

p.4 〜 p.5

 ヒント

情報の定義やその分類を参考にして考えてみよう。

1 情報 「○○は情報である」の○○に当てはまる具体例をできるだけたくさんあげてみよう。

p.7

 ヒント

近年，各分野において ICT がどのように利用されてきたかを調べ，ビッグデータや人工知能を活用すると今後どのような世の中へと変化していくか，予想してみよう。

2 超スマート社会 超スマート社会が実現されると，私たちの生活はどのように変わるだろうか。次の分野についてそれぞれ考えてみよう。

交通

防災

教育

p.12 〜 p.13

 ヒント

参考となるサイト
・サイバーセキュリティ .com
・Security NEXT

3 個人情報 近年の個人情報漏えい事件について調べ，その被害状況と原因をまとめてみよう。

事件の概要	被害状況	原因

4 産業財産権 身近にある産業財産権で保護されているものを探して，事例を書いてみよう。

	事例
特許権	
実用新案権	
意匠権	
商標権	

5 著作権 近年の著作権侵害事件について調べ，どのような権利が侵害されていたのかについてまとめてみよう。また，著作権法の第何条に該当するのかを調べてみよう。

事件の概要	侵害されていた権利の例
	(第　　　条)
	(第　　　条)

p.14 ～ p.15

ヒント

参考となるサイト
・特許情報プラットフォーム

p.16 ～ p.19

ヒント

参考となるサイト
・コンピュータソフトウェア著作権協会

p.30〜p.31

ヒント

伝達する内容について，聴き手にスムーズに納得してもらうための論理構成や，話の流れおよび時間配分を工夫し，内容を導入→展開→まとめで構成する。

ヒント

絵コンテの説明内容は，指定された時間内に収まる分量とする。

1 プレゼンテーションソフトウェアを使って，グループで「地球温暖化の防止について私たちができること」をテーマとしたプレゼンテーションを行い，相互評価しなさい。

① 各グループでアウトラインを作成する。

[導入]（　　　）分

[展開]（　　　）分

[まとめ]（　　　）分

② 各グループで背景のデザイン，図，テキストの配置など，統一した書式や構図を決めながら全体の絵コンテを作成する。また，制作分担を決める（各自で，1コマを担当する。）。

1コマ目 （担当　　　　　）	2コマ目 （担当　　　　　）	3コマ目 （担当　　　　　）	4コマ目 （担当　　　　　）

③ 絵コンテに基づいて，各自がプレゼンテーションソフトウェアで制作する。

④ 制作したプレゼンテーションソフトウェアのスライドを結合し，完成させる。

⑤ 各グループでプレゼンテーションを行い，相互評価を行う。また，評価する際には教科書p.31例題1のルーブリックを参考にするとよい。

2 「地域の名所紹介」をテーマにしたWebサイト制作において，Webサイトの全体構成を企画しそれぞれのWebページを作成しなさい。

① グループでWebページのテーマやタイトル，掲載する情報の内容を考える。

```
テーマ：


タイトル：


掲載する情報の内容：
```

② 作品の計画を立て，Webページのデザインを作成する。

・ 各グループで1つの長いWebページを作るのではなく，1ページずつ各々が分担し，デザインにはCSSを用いる。

・ ハイパーリンクの特徴を活かして，全体の構成を考える。

・ メニューの働きをするWebページ（トップページ）を作成し，ほかのWebページへのリンクを設定する。また，それぞれのWebページどうしのリンクも設定する。

```
Webページのデザイン：
```

③ HTMLファイルを作成し，作品を制作する。

④ CSSファイルを作成し，背景や全体の書式が一度に変更できるようにHTMLファイルにリンクを設定する。

p.33 ～ p.41

 ヒント

タイトルはテーマに基づき，わかりやすいものにする。また，掲載する情報の内容は，この後のWebページのデザインにも関わるので，グループ内でしっかりと話し合う。

ヒント

トップページからのハイパーリンク以外にも，関連があるWebページ間や，閲覧者が次に訪問しそうなWebページ間にリンクを設定するとよい。

実習問題 デジタル 教科書 p.44 〜 p.67

1 画像のデジタル化 画像を次の(1)〜(4)の手順で数値に置き換えよう。

(1) 表計算ソフトを利用して，10 × 10 画素の画像を作成しよう。ただし，各セルに色（4 〜 6 色）を付けて画像（絵や文字，模様など）を作成すること。

(2) 作成した画像で使用した色について，赤，緑，青の成分ごとに明るさを表す数値を表1に記入しよう。

(3) 10 × 10 画素の画像と表1を見て，各画素の色番号（1 〜 6）を表2に記入しよう。これにより，画像の数値化ができる。

表1 使用した色

色番号	赤の明るさ	緑の明るさ	青の明るさ
1			
2			
3			
4			
5			
6			

表2 数値化されたデータ

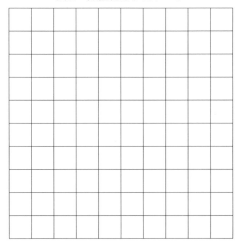

(4) 表2の数値化された画像データを他の人と交換して，元の画像を再現してみよう。

2 画像の表現 ペイントソフトを使って画像を作成しよう。その画像をビットマップ形式，PNG形式，JPEG形式，GIF形式で保存し，ファイルサイズと画質を比較しよう。また，圧縮率（ビットマップ形式に対して何％圧縮できたか）を計算しよう。その結果を (1) 〜 (11) に記入してみよう。なお，(8) 〜 (11) は◎○△で評価しなさい。

	ビットマップ形式	PNG形式	JPEG形式	GIF形式
圧縮の形式	なし	可逆圧縮	非可逆圧縮	可逆圧縮
色数	フルカラー（24bit）	フルカラー（24bit）	フルカラー（24bit）	インデックスカラー（8bit）256色
サイズ [KB]	(1)	(2)	(3)	(4)
圧縮率[%]		(5)	(6)	(7)
画質	(8)	(9)	(10)	(11)

3 **コンピュータの演算誤差** 表計算ソフトを使って，(1)～(3)の手順を行い，演算誤差が出ることを体験してみよう。

(1) 表計算ソフトに，下記のように B 列に A 列にある式を入力し，C 列にはその数値を入力する。

	A	B	C
1	= 8 − 1	7	7
2	= 2.8 − 2.7	0.1	0.1
3	= 31.5 − 31.3	0.2	0.2
4	= 71.9 − 71.6	0.3	0.3

(2) D 列に，B 列と C 列が同じ値なら「TRUE」，そうでないなら「FALSE」と表示されるように入力した時，①～③はどのようになるか答えなさい。

	A	B	C	D	
1	= 8 − 1	7	7	TRUE	= (B1 = C1)
2	= 2.8 − 2.7	0.1	0.1	(①)	セルB1とC1の値が
3	= 31.5 − 31.3	0.2	0.2	(②)	等しいかどうかを調
4	= 71.9 − 71.6	0.3	0.3	(③)	べられる

(3) その結果が得られた理由を調べるために，B 列の数値の小数点以下の表示桁数を増やしてみよう。

4 **コンピュータの性能** パソコンの性能と販売価格を調べ，次の用途に沿っているか，パソコン A，B それぞれを◎○△×で評価してみよう。

(1) 高解像度の動画編集を頻繁に行うのに用いる。

(2) 動画ファイルや写真ファイルを大量に保存するのに用いる。

(3) 自宅で無線 LAN に接続して Web ページを閲覧する程度に用いる。

(4) ワープロソフトや表計算ソフト程度の使用だが，持ち運ぶ機会が多い。

(5) その他の用途でパソコン A，パソコン B を比較してみよう。

	例	パソコン A	パソコン B
タイプ (デスクトップ型, ノート PC 型など)	ノート PC 型		
CPU	2GHz		
主記憶（メモリ）	8GB		
補助記憶装置	SSD256GB		
画面サイズ	14インチ		
通信方法 (有線 LAN, 無線 LAN など)	無線 LAN		
価格	5.8 万円		
その他	バッテリー 10 時間駆動, 1.75kg		

p.65

(1)表計算ソフトで作成

実習問題

(2)
①
②
③

(3)表計算ソフトで作成

p.64 ～ p.65

(1) A：　　B：
(2) A：　　B：
(3) A：　　B：
(4) A：　　B：
(5)
用途
評価 A：　　B：

111

第5章

実習問題 | 問題解決 教科書 p.96～p.127

1 最高気温の研究 次の文章を読んで，以下の問いに答えなさい。

　課題研究として，気温や降水量など，テーマを決めて地域の気象状況の変化についてオープンデータを収集して研究することにした。A班は，気象庁の過去の地域平均気象データを検索し，住んでいる地域の過去100年間の8月の最高気温のデータをCSV形式でダウンロードし，表計算ソフトウェアにまとめた。

	A	B	C	D	E	F
1		8月最高気温				
2		西暦	気温℃		データ数	100
3		1920	35.3		平均値	35.3
4		1921	35.0		最高値	38.1
5		1922	36.0		最低値	31.3
6		1923	37.4		標準偏差	1.27
7		1924	34.7			
8		1925	34.0			
99		2016	37.0			
100		2017	37.5			
101		2018	38.1			
102		2019	37.6			

図1

	A	H	I	J	K	L
1						
2		階級	度数		階級	確率分布
3		31.0	0		31.0	0.001
4		31.1	0		31.1	0.001
5		31.2	0		31.2	0.001
6		31.3	1		31.3	0.002
7		31.4	0		31.4	0.002
8		31.5	0		31.5	0.003
79		38.6	0		38.6	0.011
80		38.7	0		38.7	0.009
81		38.8	0		38.8	0.008
82		38.9	0		38.9	0.006
83		39.0	0		39.0	0.005

図2

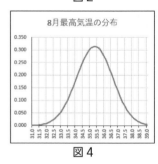

図3　　　　　　　　　　図4

(1) 図1のセルF2～F6に入力されている関数を書きなさい。

(2) 最高値，最低値の結果から，31～39℃の範囲で0.1℃区切りの階級を設定し，度数分布を作成した。図2のセルI3には次の式が入力されている。ア，イに適当な式を書きなさい。

= COUNTIF ([　ア　] , [　イ　])

(3) 図3は(2)の度数分布表を棒グラフで表したものである。このようなグラフを何というか。

(4) (3)のグラフから，100年間の最高気温は平均値を中心に分布していることがわかる。そこで，図2でNORM. DIST関数を使って平均値と標準偏差から確率分布を求め，グラフ化したところ図4のようなグラフになった。このような分布を何というか。

(5) 特定の最高気温が表れる確率は，Z値を使って求めることができる。「50年に一度の暑さ」と表現される最高気温は何℃か。確率2%になるZ値を2.05とする。

p.97, p.104, p.105, p.109

(1) F2：

F3：

F4：

F5：

F6：

(2)ア

イ

(3)

(4)

(5)

2 ジャンケンで勝つ確率　次の文章を読んで，以下の問いに答えなさい。

Aさんは「連続してジャンケンを行うとき，Bさんの出す手は，前の回にAさんが出した手に影響を受ける」という仮説を立て，ジャンケンの勝率を上げる方法を研究することにした。

操作①　実験として2人で31回連続ジャンケンを行い，前回Aさんが出した手ごとにBさんの手を集計表にまとめた。

操作②　集計表をもとにクロス集計を行った。

操作③　Bさんの手がAさんの手に影響されず，どの手を出すかもばらつきがないものとして，クロス集計に対する期待度数を求めた。

操作④　クロス集計と期待度数の間のカイ二乗検定を行った。

次の図は集計結果である。実験結果の数値は 1 ＝グー，2 ＝チョキ，3 ＝パーを表す。

実験結果

回	0	1	2	3	4	5	6	7	8	30
A	2	2	3	3	3	2	1	1	2	3
B	2	2	2	2	3	1	1	3	3	2

集計表

	回	0	1	2	3	4	5	6	7	8	30
	1	/	0	0	0	0	0	0	3	3	0
A	2	/	2	2	0	0	0	1	0	0	0
	3	/	0	0	2	3	1	0	0	0	2

クロス集計

B\A	1	2	3	合計
1	5	0	3	8
2	6	3	1	10
3	2	4	6	12
合計	13	7	10	30

期待度数

B\A	1	2	3	合計
1				
2				
3				
合計				

確率

B\A	1	2	3
1	0.63	0.00	0.38
2	0.60	0.30	0.10
3	0.17	0.33	0.50

(1) セル D7，AJ7 に入力された次の式の空欄ア～ウに適当な式を書きなさい。　D7：　= IF ([　ア　] = $B7, [　イ　] , 0)

AJ7：　= COUNTIF ([　ウ　] , AJ$2)

(2) 期待度数の表のセル AP4 ～ AR6 はすべておなじ値になる。この値を小数第2位まで答えなさい。

(3) カイ二乗検定の結果，有意確率 p 値＝ 0.029 だった。Bさんの出す手には偏りがあるといえるか。有意水準 5％ で答えなさい。

(4) クロス集計の表から，次にBさんが出す手の確率を求めたい。セル AJ11 に入力されている式を書きなさい。

(5) 確率の表から，Bさんが出す確率が最も高い手はグー，チョキ，パーのどれか。

(6) これらの結果から，3回の連続ジャンケンで勝ち越すために最適なAさんの手の順序を書きなさい。

p.119, p.122

(1)ア
イ
ウ
(2)
(3)
(4)
(5)
(6)
→
→

第6章

実習問題 │ プログラミング 教科書 p.130 ～ p.173

p.158 ～ p.161

プログラムの記述については教科書を参照する。

別の品種を調べるには，波線の下線部を「バージニカ (virginica)」，「バージクル (versicolor)」に変える。

点線の下線部の，a[0] はがく片長，a[1] はがく片幅である。下線部を a[2]，a[3] に変えると，花びら長，花びら幅のデータを読み込むことができる。

1 **オープンデータを利用したプログラム** アヤメの花の計測データ（フィッシャーのアイリスデータ）をダウンロードして，CSV-UTF8 形式で保存する。この時，列名がない場合には，下図を参考に付けておく。
🔍：フィッシャー　アイリスデータ
このファイルを読み込んで，品種が「セトナ（英語の場合は setosa）」のがく片の長さを配列 x_data，がく片幅を配列 y_data に代入し，それらを表示してみよう。

```
<body>
  <p><input type="file" id="file"></p>
  <div id="text"></div>
  <script>
    function
fileChange(event){
      var file = event.
target.files;
      reader.readAsText(file[0]);
    }
    function fileLoad(event){
      var txt = '';
      var lines = reader.result.split('¥r¥n');
      for(var i = 1; i < lines.length - 1; i++){
        var a = lines[i].split(',');
        if( a[4] == 'セトナ'){
          x_data.push(a[0]);
          y_data.push(a[1]);
          txt = txt + a[0] + ' , ' + a[1] + '<br>';
        }
      }
      contents.innerHTML = txt;
      draw1();
      draw2();
    }
    var inputFile = document.getElementById('file');
    var contents = document.getElementById('text');
    var reader = new FileReader();
    var x_data = [], y_data = [];
    inputFile.addEventListener('change', fileChange);
    reader.addEventListener('load',fileLoad);
  </script>
</body>
```

	A	B	C	D	E
1	5	3.3	1.4	0.2	セトナ
2	6.4	2.8	5.6	2.2	バージニカ
3	6.5	2.8	4.6	1.5	バージクル
4	6.7	3.1	5.6	2.4	バージニカ
5	6.3	2.8	5.1	1.5	バージニカ
6	4.6	3.4	1.4	0.3	セトナ
7	6.9	3.1	5.1	2.3	バージニカ

2 **データの可視化** 1のプログラムに続けて次のプログラムを追加し，品種が「セトナ」のものの「がく片幅」についての箱ひげ図を描画して，解答欄の統計値を読み取りなさい。

```
<div id="stage1"></div>
<script src="https://cdn.plot.ly/plotly-latest.min.
js">
</script>
<script>
function draw1(){
  var graph1 = {y:y_data, type:'box',
                name:' セトナ ',
marker:{color:'blue'}};
  var data = [graph1];
  var layout = {title:' アヤメの計測データ ',
                yaxis:{title:' がく片の幅 [cm]',
                       range:[1.5,4.5]}
               }
  var area = document.getElementById('stage1');
  Plotly.plot(area,data,layout);
}
</script>
```

3 **データの可視化** 2のプログラムに続けて次のプログラムを追加し，品種が「セトナ」のものの「がく片の長さ」と「がく片幅」の関係を散布図にしてみよう。

```
<div id="stage2"></div>
<script src="https://cdn.plot.ly/plotly-latest.min.js">
</script>
<script>
function draw2(){
  var graph2 = {x:x_data,y:y_data,type:'scatter',
                mode:'markers',
                marker:{color:'blue',size:5}};
  var data = [graph2];
  var layout = {title:' アヤメの計測データ ',
    xaxis:{title:' がく片 [cm]',range:[3.5,6.5]},
    yaxis:{title:' がく片の幅 [cm]',range:[1.5,4.5]}
  };
  var area = document.getElementById('stage2');
  Plotly.plot(area, data, layout);
}
</script>
```

p.104 ～ p.107
p.164 ～ p.165

最大値	
第3四分位数	
中央値	
第1四分位数	
最小値	

ヒント

Plotly で描画したグラフにマウスカーソルを重ねると，主な統計量を表示する機能が備わっている。

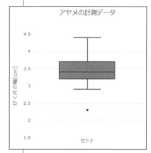

波線，点線部は，1に合わせて修正する。二重線部は，データの最大値・最小値に合わせて修正する。

p.114 ～ p.117
p.164 ～ p.165

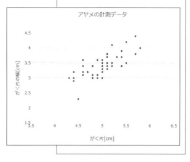

実習問題

1 次の文章を読み，下記の問いに答えよ。

　二十一世紀において，鍵をにぎるのは「知識と情報」だと言われる。……とはいえ，ここでいう「情報」とはいったい何だろうか？

　本来の情報とは，（①）活動と固くむすびついたものである。だから情報とは何かと問われたら，「（①）体が生きるための価値（意味）をもたらすもの」と答えれば一番わかりやすいはずだ。人間の脳だけでなく，内臓や筋肉骨格のなかでも，膨大な種類の情報がうごめいている。

　そういう，（①）体が生きるための情報は「（①）情報」とよばれる。これはもっとも広義の情報だ。しかしその大半は意識されることもなく消えていく。人間が意識し，記号系（とくに言語）によって（①）情報を記述表現したものが「（②）情報」である。普通，「情報」といえばこれをさす。人間（②）で通用する情報が（②）情報なのである。

　もう一つある。「（③）情報」だ。（②）情報は記号とその意味内容からなりたっているが，その記号だけをとりだしたのが（③）情報で，これが最狭義の情報ということになる。（③）情報と言えば０と１の[A]デジタル情報を思い浮かべがちだが，それだけではない。文字も（③）情報である。文章を書き写す筆耕は，書物の内容を理解している必要はない。パソコンが　[B] 電子メールの内容を理解していないのと同じことだ。

　　　　　　　【西垣通「ネットとリアルのあいだ」より抜粋（一部改変）】

(1) 文中①〜③に入る最も適当な語句を答えなさい。

(2) 次のア〜ウの具体例は，①〜③のどの情報と最も関係が深いか。それぞれ一つずつ選び，番号を答えなさい。

　ア．感じた匂いは，そのまま直接他者に伝えることができないが，「みかんのような香り」といった言葉を用いると人に伝えられる形で表現できる。

　イ．意味の分からない外国語の文字は，単なる記号の羅列に過ぎない。これは，意味の切り離された記号である。

　ウ．食べ物の味は私たち一人一人の脳で知覚しているので，同じものを食べてもどう感じるかは人によって異なる。

(3) 下線部［A］に関して，「デジタル情報」と「アナログ情報」の違いを説明せよ。

(4) 下線部［A］に関して，あなたは花子さんに PC を使ってラブレターを書こうと思いついた。1 日に 400 字詰めの原稿用紙 25 枚分の文章を書き，700MB の CD-R がいっぱいになったら花子さんに渡すつもりだ。あなたは何日後にラブレターを渡すことができるか。ただし，1 文字は 2 バイトとし，途中で改行やスペースは入れずに文字だけで書くものとする。

ヒント

筆耕とは，報酬を得て筆写をすること。その人。

(1)

①

②

③

(2)

ア

イ

ウ

(3)

(4)

ヒント

p.24「成果メディア」

(5) 下線部［B］に関して,「電子メール」は伝播メディアの一種であるが，相手に送り届けられただけでは正確にその意味や意図が伝達される保証はない。確実に相手に内容が伝わるように工夫することを1つ挙げなさい。

2 次の記述の空欄に入れるのに最も適当なものを解答群のうちから一つずつ選べ。　【2020年センター　情報関係基礎(改)】

Z社製のパソコンは，小型軽量化した新世代の電池を採用している。Z社はこの電池に関する技術の（①）を持っている。すなわち，Z社は，この電池に関する技術を（②）に使用することができるので，他社はZ社の許諾なしにはこの技術を使用することができない。なお，（①）は（③）に申請して許可されることにより与えられる権利であり，その権利は（④）保護される。

このパソコンと包装には，Z社の自社製品であることを示すマークが印刷されている。このマークはZ社の（⑤）として（③）に登録されている。したがって，Z社は，（⑥）を所有していることになり，このマークを（②）に使用することができる。

①
②
③
④
⑤
⑥

解答群：　肖像権　　商標権　　特許権
　　　　　総務省　　特許庁　　税務署
　　　　　アイコン　シンボル　登録商標
　　　　　共有的　　独占的　　部分的
　　　　　新しい技術が認可されるまで　　期間の制限なく
　　　　　一定の期間　　申請者が次の申請をするまで

3 次の記述の空欄に入れるのに最も適当なものを解答群のうちから一つずつ選べ。　【2018年センター　情報関係基礎(改)】

Web上で情報を収集する際には情報の（①）の確認が必要になる。なぜなら，情報発信者が自分にとって都合のいいように（②）していたり，発信者の不完全な知識で記述されていたりするからである。他にも，Webページの（③）には注意を払うべきである。なぜなら，例えば，日本のノーベル賞受賞者数のような情報は変化していくからである。

①
②
③

解答群：　ソーシャルエンジニアリング　　不正アクセス
　　　　　機密性　　アクセスカウンタ　　情報操作
　　　　　信憑性　　アクセスログ　　更新日時　　高速性

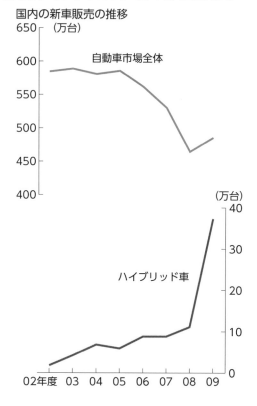

実践問題

4 次のある新聞記事のグラフについて，問いに答えよ。

(1) このグラフでは印象操作が行われていると考えられる。どのような
印象操作がされているのかについて説明した次の文の（　）に当て
はまる語句を語群から選び，答えなさい。

　（①）軸の目盛りが，市場全体は（②）万台ごとなのに対して，ハ
イブリッド車は（③）万台ごとになっているため，ハイブリッド車が
急激に（④）しているように見せかけている。また，2種類の折れ線
グラフを間の台数の目盛りを省略して上下に並べることによって，こ
れらの台数が実際以上に（⑤）しているように見せかけている。

<語群>‥‥‥‥‥‥‥‥‥‥‥‥‥‥‥‥‥‥‥‥‥‥‥‥‥‥‥‥‥‥‥
縦　　横　　5　　10　　40　　50　　100　　250
増加　　減少　　突出　　接近

(2) 発信者の意図を理解した上でマスメディア等を適切に利用できる力
（能力）のことを何というか。

(1)

①

②

③

④

⑤

(2)

118

5 **基数変換** 次の文の空所に適当な語句や数値を答えなさい。

p.46 〜 p.47

　我々が日常でよく用いる 10 進法は，0 から 9 までの 10 種類の記号を用いて数を表現する方法である。一方，コンピュータでは 2 進法によって数が取り扱われる。2 進法は，0 と 1 の 2 つの記号を用いて数を表現する方法で，2 になったら桁上がりをする。16 進数は，0 から 9 までの 10 種類と（1　　　）から（2　　　）までの 6 種類の合計 16 種類の記号を使って数を表現する。この方法では，1 桁で 16 種類表現することができるので，10 進数や 2 進数より少ない桁数で同じ数を表現できる。

　ここで，8 進法を考えてみる。8 進法は 0 から 7 までの 8 種類の記号を使って数を表す。つまり，$8_{(10)}$ は 8 進法で表すと（3　　　）となる。8 進法では 1 桁で $7_{(10)}$ まで表現できるので，2 進数の（4　　　）桁分を 1 桁で表すことができ，16 進法だと 2 進数の（5　　　）桁分を 1 桁で表すことができる。

(1)

(2)

(3)

(4)

(5)

6 **論理回路** 次の論理回路について，次の(1)〜(2)の問いに答えなさい。

p.51 〜 p.53

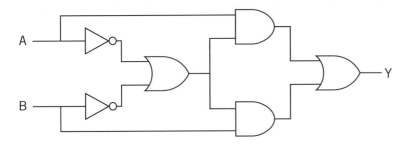

(1) 上図の真理値表を完成させなさい。

A	B	Y
0	0	
0	1	
1	0	
1	1	

(1)表に書き込む

(2) 上図に示す論理回路と等価な論理式はどれか，次のア〜エのうち適切なものを記号で答えなさい。ここで，論理式中の "・" は論理積（AND）を，"＋" は論理和（OR）を，$\overline{Y}$ は Y の否定（NOT）を表す。

(2)

　＜語群＞……………………………………………………………

　ア．$Y = A \cdot B + \overline{A \cdot B}$　　　イ．$Y = A \cdot B + \overline{A} \cdot \overline{B}$

　ウ．$Y = A \cdot \overline{B} + \overline{A} \cdot B$　　　エ．$Y = (A + \overline{B}) \cdot (\overline{A} + B)$

実践問題

119

実践問題

7 次の記述 a・b の空欄ア〜サに入れるのに最も適当なものを次のそれぞ
れの語群のうちから一つずつ選べ。

【2018 年センター　情報関係基礎 (改)】

a　Web サイトのデータに関する先生と太郎君（生徒）との会話

先生：最近，よくコンピュータ室にいるけど，何をしているの。

太郎：市役所に協力して，市の広報に使われる Web ページの原案を作っ
　　　ています。今は，そのページに載せる市民の写真を選んでいます。

先生：そうすると，写真を撮影した人には（　ア　）があり，写ってい
　　　る人には（　イ　）があるので注意が必要だね。

太郎：わかりました。ほかにも市の統計データをわかりやすく見せるグ
　　　ラフを作る予定です。授業で習ったように，人口の変化の様子は，
　　　時間を横軸にした（　ウ　）で表現して工夫するつもりです。

先生：ところで，市の人口のデータはどこにあるの。

太郎：市役所の Web サイトで，いろんなソフトウェアで読み込めるよ
　　　うに，（　エ　）しやすい形式で公開されています。

先生：それで，太郎君が作ったグラフは，どのように公開されるのかな。

太郎：グラフは画像にして公開します。他の人の Web ページでも使っ
　　　てもらいたいのですが，どうしたらいいでしょう。

先生：（　ア　）法では，出所を表示し，改変しないなどの（　オ　）
　　　の条件を満たせば誰でも利用できることになっているよ。

太郎：自分としては出所を表示してもらえば，（　カ　）なしにグラフ
　　　を加工してもらっても構わないですよ。そんなときは，どうすれ
　　　ばいいですか。

先生：君が作る画像には（　ア　）が発生するので，この画像の利用方
　　　法に関する条件を Web ページに明記してもらえばいいと思うよ。

b　セキュリティに関する先生と太郎君との会話

太郎：最近，Web サーバが（　キ　）されて，（　ク　）したというニュー
　　　スをよく聞くので，そうならないか心配です。

先生：市役所は（　キ　）されないよう，組織的な対策をしているはず
　　　だよ。きっと，Web サーバがある市役所内部のネットワークと
　　　外部のネットワークとの間に（　ケ　）を置いているよ。

太郎：他に組織的に行っているセキュリティ対策はありますか。

先生：そうだね。組織として（　コ　）を行って，限定された担当者だ
　　　けにサーバ内のファイルを操作する資格を与えているはずだよ。
　　　（　コ　）されたコンピュータシステムに対して，他人のユーザ
　　　ID やパスワードを不正に使用したり，セキュリティホールを突
　　　いてサーバに侵入したりする行為は，法律で（　サ　）行為とさ
　　　れ，禁止されているからね。

---

p.16
p.12

p.27

オープンデータは機械
判読に適するように，
データが再利用できる
ようになっている。

p.18

p.19

p.11

p.89

システム管理者は，ア
カウントの作成と同時
にアクセス制御の設定
も行う。

ア〜エの語群

　　⓪円グラフ　　①折れ線グラフ　　②レーダーチャート

　　③帯グラフ　　④開示権　　⑤肖像権　　⑥商標権　　⑦著作権

　　⑧暗号化　　⑨再利用　　⑩録画　　⑪印刷

オ・カの語群

　　⓪ファイル共有　　①模倣　　②署名　　③仕様　　④利用許諾

　　⑤感染　　⑥個人認証　　⑦引用

キ〜ケの語群

　　⓪オペレーティングシステム　　①ファイアウォール

　　②デッドロック　　③バリケード　　④ストリーミング

　　⑤情報漏洩　　⑥不正侵入　　⑦フィッシング　　⑧スキミング

　　⑨監視カメラ

コ・サの語群

　　⓪フロー制御　　①情報格差　　②アクセス制御　　③情報操作

　　④バックアップ　　⑤不正アクセス　　⑥違法アクセス

ア	
イ	
ウ	
エ	
オ	
カ	
キ	
ク	
ケ	
コ	
サ	

8 次の記述 a 〜 d の空欄ア〜オに入れるのに最も適当なものを，下のそれぞれの語群のうちから一つずつ選べ。ただし，エ・オの解答の順序は問わない。　　　　　　　【2015年センター　情報関係基礎 (改)】

a　一般的に，Web ページは（　ア　）という言語を用いて記述されている。　p.34

b　Web ページを閲覧するとき，ブラウザは Web サーバと情報のやりとりをする。その際，Web サーバのホスト名からその IP アドレスを特定するために，（　イ　）サーバへの問い合わせが行われる。　p.76

c　違法な情報や有害と思われる情報を含む Web ページへのアクセスを制限する技術は（　ウ　）と呼ばれる。

d　不正アクセスとみなされる行為として，（　エ　）行為や（　オ　）行為があげられる。　p.10, p.11　p.89, p.90

ア〜ウの語群

　　⓪ DNS　　① BASIC　　②クッキー　　③フィッシング

　　④ POP　　⑤ COBOL　　⑥ファイル　　⑦フィルタリング

　　⑧ SQL　　⑨ HTML　　a) フェイルセーフ　　b) URL　　c) HTTP

エ・オの語群

　　⓪他人の不正行為を投稿サイトに書いて暴露する

　　①ネットオークションで落札者から入金されても商品を送らない

　　②セキュリティホールを利用して遠隔の Web サーバに侵入して，管理者の許可なく Web ページを書き換える

　　③ダウンロードしたソフトウェアを，作成者に無断であたかも自分が作ったかのように Web ページで公開する

　　④他人の ID とパスワードを無断で使用し，SNS サイトにログインする

ア	
イ	
ウ	
エ	
オ	

9 次の記述 a・b の空欄ア～ケに入れるのに最も適当なものを，次ページのそれぞれの語群のうちから一つずつ選べ。また，空欄コにあてはまる数値を計算して記入せよ。　【2016 年センター　情報関係基礎 (改)】

a　レポート作成についてのある姉妹のやりとり

妹：グループ課題のレポートを作成するから，まとめ方を教えて。

姉：まず，グループで集まって自由にアイディアを出し合う（　ア　）をして，レポートのテーマとまとめる内容について話し合ってはどうかな。

妹：それはもう終わっていて，「スポーツ選手の能力について」をテーマに決めて話し合ったよ。そのあと Web でいろいろ情報を集めたから，上手に組み合わせればレポートが作れると思うの。

姉：Web に載っている文章も，原則として，（　イ　）権が認められているんだから，勝手にコピーしていいとは限らないよ。公表されている他人の文章を，目的上正当な範囲で適切に紹介する，つまり，（　ウ　）であれば認められているけれどもね。

妹：わかったわ，気を付けるね。それで，情報が整理できたら文章処理ソフトウェアでレポートにするのね。

姉：そうね。印刷後の仕上がりを意識するなら，使用する画像のギザギザが目立たないよう（　エ　）が十分高い画像データを使ったり，イラストなどはドロー系のソフトウェアで作った（　オ　）形式の図形データを使ったりするといいよ。

妹：レポートはグラフを入れてわかりやすくしなきゃいけないの。例えば，スポーツ選手のいくつかの能力を数値化して，選手の全体的な能力を表すときにはどんなグラフを選ぶといいのかな。

姉：私なら複数の能力の数値のバランスが一目でみられる（　カ　）を使うわね。(図 1)

図1　姉の提案したグラフ

妹：ありがとう。だいたいの流れはつかめたから，頑張るね。

b　セキュリティについてのある兄弟のやりとり

弟：あれ，メールにファイルが添付されている。ファイル名の（　キ　）が zip だから圧縮された書庫ファイルみたいだ。開いてもいいかな。

兄：ちょっと待って。マルウェアなどの悪質なプログラムが含まれているかもしれないよ。ほら，画面に（　ク　）ソフトウェアからの警告が出ている。

弟：本当だ。調べたらマルウェアを含んでいるね。このメールは削除しよう。

ヒント

複数人でアイデアや意見を出す方法としてブレーンストーミングがある。

p.16
p.18

p.56
p.59

ヒント

複数のデータ系列の値のバランスを表すグラフとしてレーダーチャートがある。

ヒント

拡張子とは，ファイルの末尾についていてファイル形式を識別する。

p.88

ヒント

マルウェアなどの対策としてウイルス対策ソフトウェアが用いられている。

兄：この機会にいろいろなソフトウェアの修正や更新(アップデート)
をして（　ケ　）をなくしておこう。まず，この 35M バイトの
修正用ファイルだね。ダウンロードするのにどのくらい時間がか
かりそうかな。

弟：この回線は平均 560kbps で通信できているから，このままなら
1M バイトを 1000k バイトとすると（　コ　）秒かかると予想
できるよ。

ア〜ウの語群

⓪転用　①置換　②ブレーンストーミング　③著作　④特許
⑤シミュレーション　⑥引用　⑦商標　⑧ストリーミング

エ〜カの語群

⓪円グラフ　①圧縮率　②ベクタ（ベクトル）　③ラスタ
④折れ線グラフ　⑤フレームレート　⑥解像度
⑦ランレングス　⑧レーダーチャート

キ〜ケの語群

⓪ヘッダ　①頭文字　②ウイルス対策　③拡張子
④ユーザ認証　⑤ファイルサーバ　⑥メモリ管理
⑦プレフィックス　⑧ファイアウォール
⑨サイバー犯罪　a）アクセス制御　b）セキュリティホール

10 次の文章を読み，空欄ア〜エに入れるのに最も適当なものを，次の語群
のうちから一つずつ選べ。　　　【2017 年センター　情報関係基礎（改）】

　ある音楽バンドの Web ページの URL を図 1（左）に示す。この
URL の構成の中で，データを転送するための（　ア　）は，下線部 a
から HTTP であることがわかる。下線部 b に含まれる（　イ　）から，
国別コードは日本であり，組織区分は（　ウ　）であることがわかる。
図 1（右）は，文字列などを機械で読み取れるように画像に変換した
（　エ　）の一例である。これを，スマートフォンなどの読み取りアプ
リケーションソフトウェアで撮影することで，URL などを取得できる。

`http://www.example.ne.jp/myband/index.html`
　　a　　　　　　　　　b

図 1　音楽バンドの Web ページの URL（左）とその（　エ　）（右）

＜語群＞...

⓪電子署名　①ドメイン名　②ファイル名　③都市
④政府機関　⑤QR コード　⑥ネットワークサービス
⑦公開鍵　⑧ブラウザ　⑨フォルダ名　a）プロトコル
b）DNS

p.88
p.45

1 バイト＝ 8 ビット。

ア
イ
ウ
エ
オ
カ
キ
ク
ケ
コ

実践問題

p.76

組織区分の ne はネッ
トワークサービスを表
す。

バーコードを拡張した
二次元コードとして
QR コードが利用され
ている。

ア
イ
ウ
エ

p.130 〜 p.139

11 アルゴリズム 次のアルゴリズム解説，およびプログラムを読んで，次の(1)〜(3)の問いに答えなさい。

＜アルゴリズム解説＞

10点満点のテスト10人分の点数を入力して，それらの順位を自動的に計算するプログラムを作成した。まず，配列 score に，出席番号順に各生徒の点数を入れ，順位の計算結果を配列 rank に格納することにした。どちらの配列も生徒の人数分用意する必要があるので，今回はそれぞれ10個ずつ用意した。つまり，配列 rank の各要素が各生徒の順位に対応するが，配列の要素番号は（①　　）番から始まるので，例えば出席番号7番の生徒の順位は要素番号（②　　）で表されることになる。

順位の計算は，自分と他の生徒の点数を比較して，自分より高い点数のものが現れたら自分の順位が下がる（rank の値が増える）。これを全員と比較し終わったら，自分の順位が確定する。したがって，誰とも比較する前の最初の順位は誰もが1番なので，配列 rank の初期値は（③　　）とする。下図の03行目の繰り返し命令は，生徒1人分の順位を確定させることを10人分繰り返すことを表し，04行目はその他全員と比較するために繰り返すことを表す。この時，自分自身とも比較することになるが，自分の成績は自分より高い点数ではないので05行目の比較命令を実行しても問題ない。09行目が終わると，全員分の順位が確定することになり，10行目の出力命令で順位順に出席番号と点数が画面に表示される。

```
01: var score= [ 6, 6, 7, 8, 10, 1, 10, 9, 6, 2 ];
02: var rank = [ 1, 1, 1, 1, 1, 1, 1, 1, 1, 1 ];
03: for(var n = 0; n <= 9; n++) {
04:   for(var i = 0; i <= 9; i++) {
05:     if (score[ n] < score[ i]) {
06:       rank[n]++;
07:     }
08:   }
09: }
10: display(); // 順位順に出席番号と点数を出力
```

(1)「アルゴリズム解説」の文の空所に適当な数値を答えなさい。

(1)

①

②

③

(2) プログラム実行後の配列 rank の値はどうなるか，各要素の値をそれぞれ答えなさい。

	[0]	[1]	[2]	[3]	[4]	[5]	[6]	[7]	[8]	[9]
rank										

(2) 表に書き込む

(3) このプログラムで全員分の順位が確定するためには，全員分の点数と比較する05行目の比較命令を実行する必要がある。今回，05行目の比較命令が何回実行されたか答えなさい。

(3)

12 **スタック構造** 下のプログラムを読んで，次の(1)～(3)の問いに答えなさい。なお，配列変数 sdata，out，変数 size，sp はすべてグローバル変数である。

```
01: var sdata = [ 0, 0, 0, 0, 0], out= [ 0, 0, 0,
    0, 0 ];
02: var size = 5, sp = 0;
03: function spush( dat ) {
04:   if ( sp < size ) {
05:     sdata[ sp ] = dat;
06:     sp++;
07:   }
08: }
09: function spop( )
10:   var val = 0;
11:   if (sp > 0) {
12:     sp--;
13:     val= sdata[ sp ];
14:   }
15:   return val;
16: }
17: spush('A');
18: spush('B');
19: spush('C');
20: out[ 0 ] = spop();
21: out[ 1 ] = spop();
22: out[ 2 ] = spop();
```

(1) 上のプログラムを実行した後，配列 out の値がどうなっているか，答えなさい。

	[0]	[1]	[2]	[3]	[4]
out					

(1)表に書き込む

(2) 17 行目以降を下のプログラムのように変更した場合，配列 out の値はどうなるか，答えなさい。

```
17: spush('A');
18: spush('B');
19: out[ 0 ] = spop();
20: spush('C');
21: out[ 1 ] = spop();
22: out[ 2 ] = spop();
```

	[0]	[1]	[2]	[3]	[4]
out					

(2)表に書き込む

(3) 今，A，B，C，D のデータをこの順序で spush ( ) するとして，spop ( ) 操作で取り出し可能な順序を表しているのは，次のア～エのうちどれか答えなさい。ただし，spush ( ) する順は A，B，C，D を必ず守るものとし，spush ( ) する途中で spop ( ) することができるものとする。

ア.

	[0]	[1]	[2]	[3]	[4]
out	'A'	'D'	'B'	'C'	0

イ.

	[0]	[1]	[2]	[3]	[4]
out	'B'	'D'	'A'	'C'	0

ウ.

	[0]	[1]	[2]	[3]	[4]
out	'C'	'D'	'B'	'A'	0

エ.

	[0]	[1]	[2]	[3]	[4]
out	'D'	'C'	'A'	'B'	0

(3)

p.80 ～ p.81

13 **メールプロトコル**　次の図の環境で利用される①～③のプロトコルの組合せとして，適切なものはどれか，次のア～エから選び記号で答えなさい。

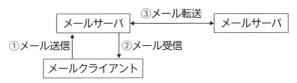

ア．①：POP3　　②：POP3　　③：SMTP

イ．①：POP3　　②：SMTP　　③：POP3

ウ．①：SMTP　　②：POP3　　③：SMTP

エ．①：SMTP　　②：SMTP　　③：SMTP

p.76

14 **DNS**　TCP/IP ネットワークで DNS が果たす役割はどれか，次のア～エから選びなさい。

ア．PC やプリンタなどからの IP アドレス付与の要求に対して，サーバに登録してある IP アドレスの中から未使用の IP アドレスを割り当てる。

イ．サーバにあるプログラムを，サーバの IP アドレスを意識することなく，プログラム名の指定だけで呼び出すようにする。

ウ．社内のプライベート IP アドレスをグローバル IP アドレスに変換し，インターネットへのアクセスを可能にする。

エ．ドメイン名やホスト名などと IP アドレスとを対応付ける。

p.70 ～ p.73

15 **回線利用率**　次の文の空所に適当な数値を答えなさい。

　本社と工場との間を専用線で接続してデータを伝送するシステムがある。このシステムでは，1 件あたり 2,000 バイトの容量の伝票データを 2 件ずつまとめ，それに 500 バイトのヘッダ情報を付加して送っている。伝票データは，1 時間に平均 100,000 件発生している。このシステムの回線速度を 1M ビット / 秒とした時，回線利用率はおよそ何 % になるか計算してみる。ただし，1KB＝1,000B，1MB＝1,000KB として計算する。

　まず，送信するデータ量を求める。1 回に送るデータ量は，伝票データ 2 件分とヘッダ情報を合わせた（①　　　　）バイトとなる。1 回で伝票データを 2 件ずつ送ることになるので，1 時間では平均で（②　　　　）回送信することになり，その総データ量は平均（③　　　　）バイトになる。それを，1 秒あたりの伝送データ量（バイト）になおすと，（④　　　　）バイトとなる。

　次に，転送可能な最大データ量を求める。1 秒あたりの転送可能なデータ量は，回線速度から（⑤　　　　）ビットである。

　最後に，回線利用率は次の式で求めることができるので，このシステムの回線利用率は，（⑥　　　　）% ということになる。

①

②

③

④

⑤

⑥

$$回線利用率（\%） = \frac{実際の伝送データ量}{転送可能な最大データ} \times 100$$

16 **顧客コード**　次の文の空所に適当な語句を答えなさい。

p.44 ～ p.45

　松田君は Web 上の店舗で商品を販売する EC サイトを運営している。顧客を管理するために，A ～ Z の英文字 26 種類を用いた顧客コードを割り当てたい。現在の顧客総数は 5,000 人であって，毎年，前年比で 2 割ずつ顧客が増えていくものとする。4 年後まで全顧客にコードを割り当てられるようにするためには，顧客コードは少なくとも何桁必要か考える。まず，4 年後の顧客数を計算する。毎年 2 割増加すると 4 年後の顧客総数は，（①　　　　）人になる。次に，顧客コードを考える。A ～ Z の英文字 26 種類で 2 桁のコードを作ると全部で（②　　　）通りのコード数になる。つまり，（①）を割り当てるのには（③　　　）桁必要である。（③）桁の顧客コードを用いると，（④　　　　）年後までは対応できる。

①

②

③

④

17 **アルゴリズム**　次のアルゴリズム解説，およびプログラムを読んで，次の(1)～(2)の問いに答えなさい。

p.130 ～ p.139

＜アルゴリズム解説＞

　配列 set1 と配列 set2 の共通部分を求めるプログラムを作った。共通部分は set1 にも set2 にも含まれる値の集合なので，それらを配列 ans に入れることにする。共通部分を見つける手順を説明する。まず，配列 set1 の 1 つの値が，配列 set2 に含まれているかどうかを総当たりで比較する。もし，存在すればその値は共通部分に含めることになるので，配列 ans に代入する。すべての配列 set2 の値と比較するので繰り返し命令が必要である。それが（①　　　）行目から始まる繰り返し命令である。この手順を配列 set1 のすべての値に対して行うことで，共通部分が見つかる。配列 set1 の値すべてに対して行う部分が，（②　　　）行目から始まる繰り返し命令である。

```
01: var set1= [ 1, 3, 7, 9 ];
02: var set2= [ 1, 2, 4, 5, 7, 9, 10 ];
03: var ans= [ ], count= 0;
04: for(var j = 0; j < set1.length; j++) {
05:   for(var k = 0; k < set2.length; k++) {
06:     if (③        ) {
07:       ans[ count ]= set1[ j ];
08:       count++;
09:     }
10:   }
11: }
12: display( ans ); // 配列 ans の値をすべて出力する。
```

(1)

①

②

(1)「アルゴリズム解説」の文の①～②に当てはまる数値を答えなさい。

(2) プログラムの③に当てはまる語句を書き込みなさい。

(2)

③

実践問題

p.101

18 文化祭の予算編成 次の文章を読んで，以下の問いに答えなさい。

次の図は，文化祭の展示のために４つの部活動に予算配分を行った表である。各部からの要望金額を合計したところ予算を超過してしまった。そこで，次のルールに従って予算配分を行うことにした。

① 要望金額の合計が最も少ない部活動の合計金額を，すべての部活動に一律支給額として支給する。

② 予算額のうち一律支給額を支給した残りを，各部活動の要望金額の合計と一律支給額の差で比例配分して差分支給額として支給する。その際，比例配分した値は１円未満を切り捨てとする。

	A	B	C	D	E	F	G	H	I	J	K	L
1												
2		要望番号	部活動番号	要望金額		部活動番号	部活動名	要望数	要望金額の合計	一律支給額	差分支給額	合計支給額
3		1	1	1680		1	部活動A	16	40280	19120	11013	30133
4		2	3	160		2	部活動B	18	40910	19120	11341	30461
5		3	2	2000		3	部活動C	12	19120	19120	0	19120
6		4	4	960		4	部活動D	11	21360	19120	1165	20285
7		5	1	3150		合計		57	121670	76480	23519	99999
8		6	2	1980								
9		7	3	2740							予算額	100000
10		8	1	2460							残額	1
59		57	4	370								

(1) セル H3 に入力されている式を書きなさい。

(2) セル H7 に入力されている式を書きなさい。

(3) セル I3 に入力されている式を書きなさい。

(4) セル J3 に入力されている式を書きなさい。

(5) セル K3 には次の式が入力されている。空所ア～ウに入るセル番号を書きなさい。

$$= INT ((L\$9 - \boxed{\quad ア \quad}) * (I3 - \boxed{\quad イ \quad}) / (I\$7 - \boxed{\quad ウ \quad}))$$

(1) ＿＿＿＿＿＿＿＿＿＿

(2) ＿＿＿＿＿＿＿＿＿＿

(3) ＿＿＿＿＿＿＿＿＿＿

(4) ＿＿＿＿＿＿＿＿＿＿

(5) ア ＿＿＿＿＿＿＿

イ ＿＿＿＿＿＿＿＿

ウ ＿＿＿＿＿＿＿＿

p.98
データの整理

19 ◆統計量を利用した検査 次の文章を読んで，以下の問いに答えなさい。

10 種類のプリントをそれぞれ 21 枚用意し，封筒 20 袋に 1 枚ずつ入れる作業を行ったところ，余ったプリントの枚数が予定と違っていた。そこで，プリントを入れたまま封筒の質量を測定したところ，次のような結果が得られた。10 種類のプリントはどれもほぼ同じ質量で，10 袋の封筒もどれもほぼ同じ質量である。また，余ったプリントの枚数は 5 枚より多かった。

p.104
統計量，度数分布表

封筒	①	②	③	④	⑤	⑥	⑦	⑧	⑨	⑩
質量(g)	29.6	29.7	29.8	27.5	29.5	29.5	31.8	29.7	29.5	29.6
封筒	⑪	⑫	⑬	⑭	⑮	⑯	⑰	⑱	⑲	⑳
質量(g)	29.7	29.5	29.6	29.5	33.7	29.6	29.7	31.7	29.6	29.5

(1) 予定ではプリントは何枚余るはずだったか。

(2) 表の質量の最頻値は何 g か。

(3) 表の質量を四捨五入した整数値を階級にして，度数分布表を作りなさい。

(4) 封筒④⑦⑮⑱は，他の封筒と質量が大きく異なっている。このような値を何というか。

(5) 表の中から，正しくプリントが入れられていると思われる封筒の質量の平均を求めなさい。

(6) プリント 1 枚の質量の平均を求めなさい。

(7) プリントを入れる前の封筒 1 袋の質量の平均を求めなさい。

(8) 作業後に余ったプリントは何枚だったか。

(9) 次の文のうち正しいものに○，誤りであるものに×と答えなさい。

　ア）プリントが 2 枚少なく入っている封筒はない。

　イ）プリントが 10 枚入っている封筒には，同じプリントが 2 枚入っていることはない。

20 主張と検定　次の文を読んで，以下の問いに答えなさい。

　A 君は課題研究で確率的な現象の研究をしている。A 君が，裏と表が同じ確率で出るコインを 5 回投げたところ，5 回とも表が出た。

A 君「<u>5 回投げて 5 回とも表が出るなんて珍しい (a)</u> ですね。」

先生「本当にそうかな。では，<u>その考えが正しいか確かめてみよう。(b)</u> まず，A 君が考える『珍しい』とはどの位の発生確率のものかな。」

A 君「そうですね。<u>発生する確率が 5% 未満 (c)</u> 位でしょうか。」

先生「では，5 回投げて 5 回とも表が出る確率を計算してみよう。もし，<u>この現象が珍しくない (d)</u> とすると，5% 以上の確率になるはずだね。」

A 君「コインを 1 回投げると表か裏の 2 通りの場合が現れるから，コインを 5 回投げて現れる場合の数は（ア）通りになりますね。5 回投げて 5 回とも表が出る場合の数は（イ）通りだから…。確率は約（ウ）% です。」

先生「だとすると，この現象が珍しくないという意見は（エ）から，A 君の考えは…。」

A 君「（オ）ということになります。」

(1) 下線部 a の主張を何というか。

(2) 下線部 b の証明手続きを何というか。

(3) 下線部 c のような判断基準を何というか。

(4) 下線部 d の主張を何というか。

(5) 文中の空所ア〜ウに当てはまる数値を書きなさい。ただし，ウは小数第 1 位までで求めなさい。

(6) 文中の空所エ，オに当てはまる語句を下から選んで答えなさい。

　棄却される　棄却されない　正しい　誤り　どちらともいえない。

(1)	
(2)	

(3)

階級	度数
28	
30	
32	
34	

(4)

(5)

(6)

(7)

(8)

(9)ア

イ

💡ヒント

(5)プリントが正しく入っている封筒は外れ値にならない。

(6)は(4)と(5)の封筒の質量差の意味を考える。

p.108,　p.109,　p.110

(1)

(2)

(3)

(4)

(5)ア

イ

ウ

(6)エ

オ

p.121

（A）等速度運動

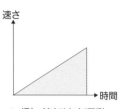

（B）等加速度運動

（1）A

B

（2）ア

イ

ウ

（3）ウ　　　エ

オ　　　カ

p.122

（1）ア

イ

（2）ウ

（3）

（4）

21 等加速度運動　等速度運動と等加速度運動の時間と速さの関係は，(A)(B) のグラフで表される。このグラフでは，移動距離はグラフの斜線部分の面積で表される。以下の問いに答えなさい。

A	B	C	D	E
1				
2	時間 [秒]	加速度 [m/秒²]	速さ [m/秒]	移動距離 [m]
3	0	10	イ	ウ
4	1	ア		エ
5	2			オ
6	3			カ

(1) それぞれの運動について，「移動距離」，「時間」，「速さ」の間に成り立つ関係式を書きなさい。

(2) 次の図は，（B）等加速度運動のシミュレーションを行っている様子である。図中のア，イ，ウに適当な式を書きなさい。

(3) 図中のウ，エ，オ，カに表示される数値を書きなさい。

22 ◆釣銭問題　以下の文と資料から，(1)〜(4)の問いに答えなさい。

会費 3000 円のパーティーがある。20 名の参加者が 1000 円札または 5000 円札で支払うものとし，5000 円札で支払う人が全体の 3 割と仮定すると，つり銭の 1000 円札は何枚用意しておけばよいか。同じパーティーを 100 回行ったとして乱数を用いたシミュレーションを行った。

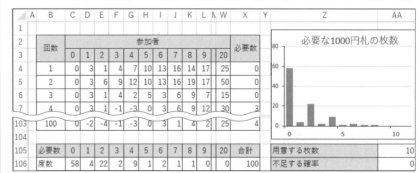

必要な1000円札の枚数

	A	B	C	D	E	F	G	H	I	J	K	L	M	N	W	X	Y	Z	AA
1																			
2		回数				参加者										必要数			
3			0	1	2	3	4	5	6	7	8	9	20						
4		1	0	3	1	4	7	10	13	16	14	17	25			0			
5		2	0	3	6	9	12	10	13	16	19	17	50			0			
6		3	0	3	1	4	2	5	3	6	9	7	15			0			
7		4	0	3	1	-1	-3	0	3	6	9	12	30			3			
103		100	0	-2	-4	-1	-3	0	3	1	4	2	25			4			
104																			
105		必要数	0	1	2	3	4	5	6	7	8	9	20	合計	用意する枚数				10
106		度数	58	4	22	2	9	1	2	1	1	0	0	100	不足する確率				0

(1) セル C4 〜 W103 は，つり銭を用意しなかった場合の手持ちの 1000 円札の枚数を表している。セル D4 には次の式が入力されている。ア，イに適当な数字を答えなさい。

$$= C4 + IF (RAND () <= 0.3, \boxed{\quad ア \quad}, \boxed{\quad イ \quad})$$

(2) セル X4 〜 X103 は，途中でつり銭の枚数が負にならないようにするための必要数である。セル X4 には次の式が入力されている。ウに適当な式を答えなさい。

$$= IF (\boxed{\quad ウ \quad} < 0, -1* \boxed{\quad ウ \quad}, 0)$$

(3) セル C106 〜 W106 は必要数の度数分布表の度数である。セル C106 に入力されている式を答えなさい。

(4) セル AA106 は，度数分布表からセル AA105 に入力された枚数を超える場合の度数を合計している。セル AA106 に入力されている式を答えなさい。

23 ◆**ライフゲーム** 研究のために細菌を培養する方法として、栄養分を含んだ寒天培地に細菌の株を定植して増やす方法がある。横 11×縦 11 のセルを寒天培地に見立てて、時間とともに細菌がどのように増えるかシミュレーションしてみよう。株が生きているセル（生きたセル）を 1，株が死んでいるセル（死んだセル）を 0 とし、細菌の親株から子株が生じる現象を次の①〜③のようにモデル化する。以下の問いに答えなさい。

① 死んだセルの場合、隣接する生きたセルが 3 つなら、そのセルには次の世代が誕生する。

② 生きたセルの場合、隣接する生きたセルが 2 つまたは 3 つなら、そのセルには次の世代が生存する。

③ ①②以外のセルはすべて死滅する

	A	B	C	D	E	F	G	H	I	J	K	L	M	N	O	P	Q	R	S	T	U	V	W	X	Y	Z	AA	AB	AC	AD	AE	AF	AG	AH	AI	AJ	AK	AL	AM
1																																							
2	第1世代													第2世代														第3世代											
3																																							
4		0	0	0	0	0	0	0	0	0	0	0																											
5		0	0	0	0	0	0	0	0	0	0	0																											
6		0	0	0	0	0	0	0	0	0	0	0																											
7		0	0	0	0	0	1	1	1	0	0	0																											
8		0	0	0	0	1	1	1	0	0	0	0																											
9		0	0	0	1	1	0	1	1	0	0	0							ア																				
10		0	0	0	0	1	1	1	0	0	0	0																											
11		0	0	0	0	0	1	1	1	0	0	0																											
12		0	0	0	0	0	0	0	0	0	0	0																											
13		0	0	0	0	0	0	0	0	0	0	0																											
14		0	0	0	0	0	0	0	0	0	0	0																											
15																																							

(1) 第 2 世代の表中のアのセル R9 には、第 1 世代のセルの値を用いた関数が入力されている。ア〜ウに適当な式を書きなさい。

= IF (E9 = 0, IF (［ ア ］, 1, 0), IF (OR (［ イ ］, ［ ウ ］), 1, 0))

(2) 第 1 世代として、図のように細菌を定植した。第 2 世代、第 3 世代はどのような結果になるか。

24 ◆**等確率でない事象** 次の(1)〜(3)の問いに答えなさい。

過去の天気を調べたところ、次の日の天気は図のようになることがわかった。この図は、例のように状態 A から状態 B に変化する時の確率を表している。

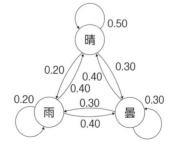

例) A ──確率──▶ B

(1) 今日の天気は「晴」だった。明日の天気が「晴」「雨」「曇」になる確率はそれぞれいくらか。

(2) 今日の天気は「曇」だった。明日から 2 日間雨が降り続く確率はいくらか。

(3) 今日の天気は「雨」だった。2 日後が「晴」になる確率はいくらか。

---

p.125, p.127

(1)ア

イ

ウ

(2)問題中の図に記入しなさい。

💡**ヒント**

①では、死んだセルと隣接するセルを合わせて 9 個のセルの中に 3 個の生きたセルがある。

p.120

(1)晴

雨

曇

(2)

(3)

p.49, p.92

p.134 ～ p.141

(1)

ア ____
イ ____
ウ ____
エ ____
オ ____
カ ____
キ ____
ク ____
ケ ____
コ ____
サ ____

(2)

ア ____
イ ____
ウ ____
エ ____
オ ____

💡 ヒント

メソッド charCodeAt では，文字コードを求めることができる。また，String. fromCharCode (数値) では，文字コードが数値の文字を求めることができる。変数 shift は，平文の文字コードと暗号文の文字コードの関係を数式にする。

(3)変更後

____

25 **シーザー暗号** 次のような n 文字後ろにずらすことでシーザー暗号を作るプログラムを作成する。このとき，次の問いに答えなさい。

n = 3 のとき

平文の文字　　A　B　C　D・・・W　X　Y　Z

　　　　　　　↓　↓　↓　↓　　　↓　↓　↓　↓

暗号の文字　　D　E　F　G・・・Z　A　B　C

(1) 平文「EASY」を n = 3 として暗号化したときにできる暗号文を答えなさい。また，それぞれの文字の文字コードを 10 進数で答えなさい。

平文	（文字コード）	→	暗号文	（文字コード）
E	(69)	→	ア	(イ)
A	(ウ)	→	エ	(オ)
S	(カ)	→	キ	(ク)
Y	(ケ)	→	コ	(サ)

(2) 次のプログラム中の空欄にあてはまるものを答えなさい。

```
function ango(txt, n){
    var result = "";
    var A = 'A'.charCodeAt();
    for( var i=0; __ア__ ; __イ__ ){
        var code = txt[i].charCodeAt() - A;
        var shift = ( __ウ__ + 26) % __エ__ + A;
        result = result + String.fromCharCode(shift);
    }
    alert(' 暗号は ' + __オ__ );
}
ango('EASY', 3);     // Ⓐ
```

(3) 上のプログラムを，平文「DIFFICULT」を 5 文字前にずらすことにより暗号化するプログラムに変更したい。Ⓐの行だけを変更するには，どのように変更したらよいか答えなさい。

p.146～p.149

26 挿入法による整列 挿入法により，[36, 49, 25, 16] を昇順に整列する。挿入法の説明文を読んで，挿入法により整列するプログラム中の空欄にあてはまるものを答えなさい。

挿入法は，整列されていない配列から1つずつ値を取り出して，整列が済んでいる配列の適切な位置に挿入することにより整列していく方法である。

n（＝4）を配列のデータ数，a[0] から a[i-1] までを整列済みの配列として，a[i] を適切な位置に挿入する様子を下の表に示す。

このとき，「j ← i, i-1, …, 0」と a[j-1]>a[j] が成り立つ間 a[j-1] と a[j] を交換することを繰り返す。j=0 または a[j-1]<a[j] となったときに，a[j] が適切な位置に挿入される。この操作を「i ← 1, 2, …, n-1」に対して行う。

a[0]	a[1]	a[2]	a[3]	処理	i	j	a[j-1]	a[j]
36	49	16	25	a[0] まで整列済み				
36	49	16	25	a[0]<a[1] のため 49 が確定	1	1	36	49
36	49	16	25	a[1]>a[2] のため交換する	2	2	49	16
36	16	49	25	a[0]>a[1] のため交換する		1	36	16
16	36	49	25	j=0 のため 16 が確定		0		
16	36	49	25	a[2]>a[3] のため交換する	3	3	49	25
16	36	25	49	a[1]>a[2] のため交換する		2	36	25
16	25	36	49	a[0]<a[1] のため 25 が確定		1	16	25

挿入法により整列するプログラム

```
var a = [36,49,16,25], n = a. ___ア___ ;
for(var i = 1; i < n; i++){
    var j = ___イ___ ;
    while(j > ___ウ___ && ___エ___ > a[j]){
        var temp = a[j];
        ___オ___ = ___カ___ ;
        a[j-1] = temp;
        j = ___キ___ ;
    }
}
var msg = '整列後 ¥n 番号　データ ¥n';
for(var i = 0; i < n; i++){
    msg = msg + i + '　　'+a[i]+ '¥n';
}
alert(msg);
```

ア＿＿＿＿＿＿＿
イ＿＿＿＿＿＿＿
ウ＿＿＿＿＿＿＿
エ＿＿＿＿＿＿＿
オ＿＿＿＿＿＿＿
カ＿＿＿＿＿＿＿
キ＿＿＿＿＿＿＿

実践問題

133

実践問題

p.146 ~ p.149

y＼x	1	2	3	4	5
4	20	10	50	20	30
3	15	10	5	15	20
2	5	30	30	10	10
1	20	10	10	10	40

図1　ゲーム盤

27 **◆配列とアルゴリズム**　Pさんは図1のような盤上で駒を進めて得点を競うゲームを楽しんでいる。縦横それぞれの方向の位置のマスを（x, y）と表す。図1の太線で囲まれた（1, 1）と（A, B）は，それぞれスタートとゴールのマスである。(図1では A = 5, B = 4)すべてのマスには，点数を表す正の数が書かれている。駒は現在のマスから右か上のどちらかに1マスずつ進める。ただし，ゲーム盤の右端や上端を越えて駒を進めることはできない。

プレイヤーは，まず駒をスタートに置き，（1, 1）に書かれた点数をプレーヤーの最初の得点にする。その後，駒が進んだマスに書かれた点数を，順次プレーヤーの得点に加算する。ただし，現在のマスと同点のマスに進んだときは，移動先の点数を2倍して加算する。これを連鎖と呼ぶ。そして，駒をスタートからゴールまで進めたときの得点が，プレーヤーの最終得点になる。

はじめにPさんは，図1のゲーム盤において，スタートからゴールまで駒を次のように進めた。移動の方向を矢印で示す。

(1,1) → (2,1) → (3,1) → (4,1) → (5,1) ↑ (5,2) ↑ (5,3) ↑ (5,4)

この場合，連鎖により（3, 1），（4, 1）の点数をそれぞれ2倍して加算するので，最終得点は170点である。

(1) Pさんは，最終得点の計算に手間がかかると考え，最終得点を計算するプログラムを作成した。二次元配列の変数 M [x] [y] にはマス（x, y）の得点，変数 idou [i]（$0 \leqq i < A + B - 2$）には $i + 1$ 回目の移動の方向（'R' は右，'U' は上）が格納されている（変数 M の宣言と値の代入は p.135）。また，変数 tokuten には最終得点，変数 mae には移動前のマスの得点を格納する。このとき，プログラム中の空欄をうめなさい。　【2015年センター　情報関係基礎 (改)】

```
var idou = ['R', 'R', 'R', 'R', 'U', 'U', 'U'];
var x = 1, y = 1, A = 5, B = 4, mae, tokuten = M[x][y];
for ( var i = 0; i < A + B - ＿＿ア＿＿ ; i++){
    mae = ＿＿イ＿＿ ;
    if (idou[i] == 'R'){
        x = ＿＿ウ＿＿ ;
    }else if (idou[i] == 'U'){
        y = ＿＿エ＿＿ ;
    }
    if (M[x][y] == mae){
        tokuten = tokuten + ＿＿オ＿＿ ;
    }else{
        tokuten = tokuten + ＿＿カ＿＿ ;
    }
}
alert('得点は' + tokuten + 'です。');
```

(1)
ア＿＿＿＿
イ＿＿＿＿
ウ＿＿＿＿
エ＿＿＿＿
オ＿＿＿＿
カ＿＿＿＿

(2) P さんは，より高得点を得るために次の方法を考えた。

　スタートから (x, y) まで駒を進めたときの得点を「(x, y) までの得点」と呼ぶ。(x, y) までの得点の最大値は，(x, y) に進んだ一つ手前のマスまでの得点の最大値に，(x, y) で得られる点数を加えた値になる。一つ手前のマスとして左と下があるため，連鎖を考慮したうえで (x, y) までの得点が大きい方を，(x, y) までの得点の最大値とする。このようにして，各マスまでの得点の最大値を順に求めていく。

　この方法に基づき，最終得点の最大値を求めるプログラムを次のように作成した。(x, y) までの得点の最大値を，二次元配列 T [x] [y] に格納する。T の添字は 0 から始まり，各要素には 0 を格納しておく。

　このとき，プログラム中の空欄にあてはまるものを答えなさい。

```
var xTokuten, yTokuten;
for (var y = 1; y <= B; y++){
    for (var x = 1; x <= A; x++){
        if ( __ア__ ==M[x][y]){
            xTokuten = T[x-1][y] + __イ__ * 2;
        }else{
            xTokuten = __ウ__ + __イ__ ;
        }
        if ( __エ__ ==M[x][y]){
            yTokuten = T[x][y-1] + __イ__ * 2;
        }else{
            yTokuten = __オ__ + __イ__ ;
        }
        if (xTokuten >= yTokuten){
            T[x][y] = __カ__ ;
        }else{
            T[x][y] = __キ__ ;
        }
    }
}
alert(' 最終得点の最大値は ' + __ク__ + ' 点です。');
```

［参考　二次元配列 M の宣言と値の代入］
```
var M = [
[0,  0,  0,  0,  0],
   [0, 20,  5, 15, 20],
   [0, 10, 30, 10, 10],
   [0, 10, 30,  5, 50],
   [0, 10, 10, 15, 20],
   [0, 40, 10, 20, 30]
];
```

p.134 ～ p.139

(2)

ア _____
イ _____
ウ _____
エ _____
オ _____
カ _____
キ _____
ク _____

実践問題

ヒント

xTokuten には左から駒が進んできたときの得点，yTokuten には下から駒が進んできたときの得点を求めておく。これらのうち，大きい方を T [x] [y] に記録する。

[（情Ⅰ704）高校情報Ⅰ　JavaScript]準拠
高校情報Ⅰ　JavaScript　学習ノート

表紙デザイン
鈴木美里

●編　者──実教出版編修部

●発行者──小田良次

●印刷所──共同印刷株式会社

●発行所──実教出版株式会社

〒102-8377
東京都千代田区五番町5
電話〈営業〉(03)3238-7777
　　〈編修〉(03)3238-7785
　　〈総務〉(03)3238-7700
https://www.jikkyo.co.jp/

002402022

ISBN 978-4-407-36061-5